बिल्लेसुर बकरिहा

बिल्लेसुर बकरिहा

सूर्यकान्त त्रिपाठी 'निराला'

राजकमल प्रकाशन

ISBN : 978-81-267-1389-9

मूल्य : ₹ 695

पहला संस्करण : 1942
सातवाँ संस्करण : 2024

प्रकाशक : राजकमल प्रकाशन प्रा.लि.
1-बी, नेताजी सुभाष मार्ग, दरियागंज
नई दिल्ली-110 002
शाखाएँ : अशोक राजपथ, साइंस कॉलेज के सामने, पटना-800 006
पहली मंजिल, दरबारी बिल्डिंग, महात्मा गांधी मार्ग, प्रयागराज-211 001
1, अनमोल सोराबजी संतुक लेन, धोबी तलाव, मरीन लाइंस, मुम्बई-400 002
वेबसाइट : www.rajkamalprakashan.com
ई-मेल : info@rajkamalprakashan.com

मुद्रक : बी.के. ऑफसेट
नवीन शाहदरा, दिल्ली-110 032

BILLESUR BAKARIHA
Novel by Suryakant Tripathi 'Nirala'

क्रम

उपन्यास

बिल्लेसुर बकरिहा 7

कहानियाँ

ज्योर्तिमयी 79

कमला 89

श्रीमती गजानन्द शास्त्रिणी 101

सखी 115

प्रेमपूर्ण तरंग 122

अर्थ 130

बिल्लेसुर बकरिहा

कलाकार–

प्रिय बन्धु श्री अमृतलाल नागर को

स्नेह-भेंट

–'निराला'

प्रथम संस्करण की भूमिका

प्राक्कथन

'बिल्लेसुर बकरिहा' हास्य के लिए एक स्केच है। मुझे विश्वास है, पाठकों का मनोरंजन होगा।

—**'निराला'**

लखनऊ
25 दिसम्बर, 1941

द्वितीय संस्करण की भूमिका

निवेदन

'बिल्लेसुर बकरिहा' प्रगतिशील साहित्य का नमूना है। मित्रों ने इसका बड़ा समादर किया है। बड़ी स्तुति की है। पत्रों में काफी निबन्ध, आलोचनाएँ इस पर आ चुके हैं। इसका एक संस्करण बहुत जल्द बिक गया। बहिरंग-चित्रण पर ही अंग-चित्रण सूचित है जो प्रगतिशील साहित्य का प्रथम चरण है। कला ऐसी है जैसे तीन छोटी-बड़ी कहानियाँ एक जोड़ के साथ रख दी गई हैं। अन्त समाप्त होकर भी लटका हुआ है जिससे पाठक को एक धक्का-सा लगता है, पर दिल को ताकत पहुँचती है। पढ़कर ही विवेचन करें।

—सूर्यकान्त त्रिपाठी 'निराला'

दारागंज
15-4-45

एक

'बिल्लेसुर'—नाम का शुद्ध रूप बड़े पते से मालूम हुआ—'बिल्लेश्वर' है। पुरवा डिवीजन में, जहाँ का नाम है, लोकमत बिल्लेसुर शब्द की ओर है। कारण, पुरवा में उक्त नाम के प्रतिष्ठित शिव हैं। अन्यत्र यह नाम न मिलेगा, इसलिए भाषातत्त्व की दृष्टि से गौरवपूर्ण है। 'बकरिहा' जहाँ का शब्द है, वहाँ 'बोकरिहा' कहते हैं। वहाँ 'बकरी' को 'बोकरी' कहते हैं। मैंने इसका हिन्दुस्तानी रूप निकाला है। 'हा' का प्रयोग हनन के अर्थ में नहीं, पालन के अर्थ में है।

बिल्लेसुर जाति के ब्राह्मण, 'तरी' के सुकुल हैं, खेमेवाले के पुत्र खैयाम की तरह किसी बकरीवाले के पुत्र बकरिहा नहीं। लेकिन तरी के सुकुल को संसार पार करने की तरी नहीं मिली तब बकरी पालने का कारोबार किया। गाँववाले उक्त पदवी से अभिहित करने लगे।

हिन्दी भाषा-साहित्य में रस का अकाल है, पर हिन्दी बोलनेवालों में नहीं। उनके जीवन में रस की गंगा-जमुना बहती हैं। बीसवीं सदी-साहित्य की धारा उनके पुराने जीवन में मिलती है। उदाहरण के लिए अकेला बिल्लेसुर का घराना काफी है। बिल्लेसुर

चार भाई आधुनिक साहित्य के चारों चरण पूरे कर देते हैं।

बिल्लेसुर के पिता का नाम मुक्ताप्रसाद था। क्यों इतना शुद्ध नाम था, मालूम नहीं। उनके पिता पण्डित नहीं थे। मुक्ताप्रसाद के चार लड़के हुए—मन्नी, ललई, बिल्लेसुर और दुलारे। नाम उन्होंने स्वयं रखे, पर ये शुद्ध नाम हैं। उनके पुकारने के नाम गुणानुसार और-और हैं। मन्नी पैदा होकर साल-भर के हुए, पिता ने बच्चे को गर्दन उठाए बैठा झपकता देखा तो 'गपुआ' कहकर पुकारना शुरू किया, आदर में 'गप्पू'। दूसरे लड़के ललई की गोराई रोयों में निखर आई थी, आँखें भी कंजलोचन, स्वभाव में बदले-बदले, पिता ने नाम रखा 'भर्रा', आदर में 'भूरू'। बिल्लेसुर के नाम में ही गुण था। पिता 'बिलुआ', आदर में 'बिल्लू' कहने लगे। दुलारे अपना ईश्वर के यहाँ से खतना कराकर आए थे, पिता को नामकरण में आसानी हुई, 'कटुआ' कहकर पुकारने लगे, आदर में 'कट्टू'।

अभाग्यवश पुत्रों का विकास देखने से पहले मुक्ताप्रसाद संसार-बन्धन से मुक्त हो गए। उनकी पत्नी देख-रेख करती रहीं। पर वे भी, पीसकर, चौका-टहल कर, कंडे पाथकर, ढोर छोड़कर, रोटी पकाकर, छोटे-से बाग के आम-महुए बीनकर, लड़कों को किसानी के काम में लगाकर ईश्वर के यहाँ चली गईं। उनके न रहने पर चारों भाइयों की एक राय नहीं रही। विवाद काम में विघ्न पैदा करता है। फलतः चार भाइयों की दो टोलियाँ हुईं। मन्नी और बिल्लेसुर एक तरफ हुए, ललई और दुलारे दूसरी तरफ, जैसे— सनातनधर्मी और आर्यसमाजी। कुछ दिन इसी तरह चला। फिर इनमें भी शाखें फूटीं, जैसे, वैष्णव और शाक्त—वैदिक और वितंडावादी। फिर सबकी अपनी डफली और अपना राग रहा।

सनातन धर्मानुसार मन्नी दुखी हुए कि तरी के सुकुल होने के कारण कोई लड़की नहीं ब्याह रहा। पर विवाह आवश्यक है—इस लोक के लिए भी और परलोक के लिए भी। माता-पिता गुजर गए हैं, पानी तो उन्हें मिल जाता है, पर माताजी को बड़ियाँ नहीं मिलतीं। बिना गृहिणी के घर में भूत डेरा डालते हैं। विचार के अनुसार मन्नी बातचीत करते और जहाँ कहीं अनाथ की लड़की देखते थे, डोरे डालते थे। एक जगह लासा लग गया। कहना न होगा, ऐसे विवाह की बातचीत में अत्युक्ति ही प्रधान होती है, अर्थात् झूठ ही अधिक

यानी एक पैसे की हैसियत एक लाख की बताई जाती है। मन्नी के विवाह में ऐसा ही हुआ। लड़की ने माँ का दूध छोड़ा ही था, माँ बेबा थी। कहा गया—रुपये दो-तीन सौ लेकर क्या करोगी जबकि लड़की को अभी दस साल पालना-पोसना है—वहीं चलकर रहो, घी-दूध खाओ और रानी की तरह रहकर लड़की की परवरिश करो। बात माँ के दिल में बैठ गई। मन्नी तब तीस साल के थे। पर चूँकि नाटे कद के थे, इसलिए अट्ठारह-उन्नीस की उम्र बतलाई गई। मूँछों की वैसी बला न थी। बात खप गई।

मन्नी के खेतों के पास एक झाड़ी है। कहते हैं, वहाँ देवता झाड़खण्डेश्वर रहते हैं। एक दिन शाम को मन्नी धूपदीप, अक्षत-चन्दन, फूल-फल-जल लेकर गए और उकड़ूँ बैठकर उनकी पूजा करते न जाने क्या-क्या कहते रहे। फिर लौटकर प्रसाद पाकर लेटे और पहर रात रहते पुरवा की तरफ चल दिए। एक हफ्ते बाद, बैंगनी साफा बाँधे, एक बेवा और उसकी लड़की को लेकर लौटे। रास्ते में जमींदार का खलिहान लगा था, दिखाकर कहा—सब अपनी ही रब्बी है। सासुजी ने मुश्किल से आनन्दातिरेक को रोका। कुछ बढ़े। गाँव के बागात देख पड़े। मन्नी ने हाथ उठाकर बताया—वहाँ से वहाँ तक सब अपनी ही बागें हैं। सासुजी को सन्देह न रहा कि मन्नी मालदार आदमी है। घर टूटा था। भाइयों से जुदा होकर एक खँडहर में रह रहे थे। लेकिन वाग्देवी प्रचंड थीं, खँडहर को भी खिला दिया। पहुँचने से पहले रास्ते में जमींदार की हवेली दिखाकर बोले—हमारा असली मकान यह है। लेकिन यहाँ भाई लोग हैं, आपको एकान्त में ले चलते हैं। वहाँ आराम रहेगा, यहाँ आपकी इज्जत न होगी, फिर उसी को हवेली बना लेंगे। सासु ने श्रद्धापूर्वक कहा—हाँ भैया, ठीक है, बाहरी आदमियों में रहना अच्छा नहीं। मन्नी खँडहर में ले गए। इस दिन पसेरी भर दूध ले आए। सासुजी लज्जित होकर बोलीं—ऐ, इतना दूध कौन पिएगा ? मन्नी ने गम्भीरता से उत्तर दिया—औटने पर थोड़ा रह जाएगा, तीन आदमी हैं, ज्यादा नहीं। फिर अभी कुछ दूध-चीनी शरबत के तौर पर पिएँगे। सासु ने आराम की साँस ली। मन्नी भंग छानते थे। ठाकुरद्वारे में एक गोला पीसकर तैयार किया और चुपचाप ले आए। दूध में शक्कर मिलाकर गोला घोल दिया। भंग में बादाम की मात्रा काफी थी, सासुजी को अमृत का स्वाद आया, एक साँस

में पी गईं। मन्नी ने थोड़ी-सी अपनी भावी पत्नी को पिलाई, फिर खुद पी। सासुजी हाथ-पैर धोकर बैठीं, मन्नी पूड़ी निकालने लगे। जब तक नशा चढ़े-चढ़े तब तक काम कर लिया। पूड़ी-तरकारी, दूध-शकर, मिठाई-खटाई बड़ी तत्परता से सासुजी को परोसा। सासुजी को मालूम दिया, मन्नी बड़ी तपस्या के फल मिले। खूब खाया। मन्नी ने पलँग बिछा दिया था, माँ-बेटी लेटीं। मन्नी भोजन करके ईश्वर-स्मरण करने लगे। आधी रात को जोर से गला झाड़ा, पर सासुजी बेखबर रहीं। फिर दरवाजे पर हाथ दे-दे मारा, पर उन्होंने करवट भी न ली। मन्नी समझ गए कि सुबह से पहले आँखें न खोलेंगी। बस, अपनी भावी पत्नी को गले लगाया और भगवान बुद्ध की तरह घर त्यागकर चल दिए। पत्नी गले लगी सोती रही। सुबह होते-होते मन्नी ने सात कोस का फासला तय किया। जहाँ पहुँचे, वहाँ रिश्तेदारी थी। लोग सध गए। सासुजी ने सवेरे हल्ला मचाया। बात खुली। पर चिड़िया उड़ चुकी थी। वे रो-पीटकर शाप देती हुई कि तू मर जा—तेरी चारपाई गंगाजी जाए, घर चली गईं। मन्नी शुभ दिन देखकर चुपचाप विवाह कर पत्नी को साथ लेकर परदेश चले गए। पत्नी की दस-बारह साल सेवा की। अब धर्म की रक्षा करते हुए, उसे बीस साल की अकेली, उसकी माँ की गोद में जैसे एक कन्या छोड़कर स्वर्ग सिधार गए हैं। मन्नी कट्टर सनातनधर्मी थे।

ललई का दूसरा हाल है। पहले ये भी कलकत्ता-बम्बई की खाक छानते फिरे, अन्त में रतलाम में आकर डेरा जमाया। यहाँ एक आदमी से दोस्ती हो गई। कहते हैं, ये गुजराती ब्राह्मण थे। ईश्वर की इच्छा, कुछ दिनों में दोस्त ने सदा के लिए आँखें मूँदीं। लाचार, दोस्त के घर का कुल भार ललई ने उठाया। दोस्त का एक परिवार था—पत्नी, दो बेटे, बड़े बेटे की स्त्री। इन सबसे ललई का वही रिश्ता हुआ जो इनके दोस्त का था। इस परिवार में कुछ माल भी था, इसलिए ललई ने परदेश रहने से देश रहना आवश्यक समझा। चूँकि अपने धर्म-कर्म में दृढ़ थे इसलिए लोक-निन्दा और यशःकथा को एक-सा समझते थे। अस्तु, इन सबको गाँव ले आए। एक साथ पत्नी, दो-दो पुत्र और पुत्रवधू को देखकर लोग एकटक रह गए। इतना बड़ा चमत्कार उन्होंने कभी नहीं देखा था। कहीं सुना भी नहीं था। गाँववालों की दृष्टि ललई पहले ही समझ चुके थे, जानते थे—जिस पर पड़ती है,

उसका जल्द निस्तार नहीं होता, इसलिए निस्तार की आशा छोड़कर ही आए थे। गाँववालों ने ललई का पान-पानी बन्द किया। ललई ने सोचा, एक खर्च बचा। गाँववाले भी समझे, इसने बेवकूफ बनाया, माल ले आया है जिसका कुछ भी खर्च न कराया गया। ललई निर्विकार चित्त से अपने रास्ते आते-जाते रहे। मौके की ताक में थे। इसी समय आन्दोलन चला। ललई देश के उद्धार में लगे। बड़ा लड़का गुजरात में कहीं नौकर था, खर्चा भेजता रहा। गाँववाले प्रभाव में आ गए। ललई की लाली के आगे उनका असहयोग न टिका। अब मिलने की बातें कर रहे हैं। ललई राजनीतिक सुधारक सामाजिक आदमी हैं।

बिल्लेसुर का हाल आगे लिखा जाएगा। इनमें बिल और ईश्वर दोनों के भाव साथ-साथ रहे।

दुलारे आर्यसमाजी थे। बस्तीदीन सुकुल पचास साल की उम्र में एक बेवा ले आए थे। लाने के साल ही भर में उनकी मृत्यु हो गई। दुलारे ने उस बेवा को समझाया, पति के रहते भी तीन साल या तीन महीने खबर न लेने पर पत्नी को दूसरा पति चुनने का अधिकार है। फिर जब बस्तीदीन नहीं रहे तब तीसरे पति के निर्वाचन की उन्हें पूरी स्वतन्त्रता है, और दुलारे उनकी सब तरह सेवा करने को तैयार हैं। स्त्री को एक अवलम्ब चाहिए। वह राजी हो गई। लेकिन दुलारे भी साल-भर के अन्दर संसार छोड़कर परलोक सिधार गए। पत्नी को हमल रह गया था, बच्चा हुआ। अब वह नारद की तरह ललई के दरवाजे बैठा खेला करता है। माँ नहीं रही।

दो

मन्नी मार्ग दिखा गए थे, बिल्लेसुर पीछे-पीछे चले। गाँव में सुना था, बंगाल का पैसा टिकता है, बम्बई का नहीं, इसलिए बंगाल की तरफ देखा। पास के गाँवों के कुछ लोग बर्दवान के महाराज के यहाँ थे सिपाही, अर्दली, जमादार। बिल्लेसुर ने साँस रोककर निश्चय किया, बर्दवान चलेंगे। लेकिन खर्च न था। पर प्रगतिशील को कौन रोकता है ? यद्यपि उस समय बोल्शेविज्म का कुछ ही लोगों ने नाम सुना था, बिल्लेसुर को आज भी नहीं मालूम, फिर भी आइडिया अपने-आप बिल्लेसुर के मस्तिष्क में आ गई। वे उसी फटेहाल कानपुर गए। बिना टिकट कटाए कलकत्तेवाली गाड़ी पर बैठ गए। इलाहाबाद पहुँचते-पहुँचते चेकर ने कान पकड़कर गाड़ी से उतार दिया। बिल्लेसुर हिन्दुस्तान की जलवायु के अनुसार सविनय कानून-भंग कर रहे थे, कुछ बोले नहीं, चुपचाप उतर आए। लेकिन सिद्धान्त नहीं छोड़ा। प्लेटफार्म पर चलते-फिरते समझते-बूझते रहे। जब पूरब जानेवाली दूसरी गाड़ी आई, बैठ गए। मोगलसराय तक फिर उतारे गए। लेकिन, दो-तीन दिन में, चढ़ते-उतरते, बर्दवान पहुँच गए।

पं. सत्तीदीन सुकुल महाराज बर्दवान के यहाँ जमादार थे। यद्यपि बंगालियों को 'सत्तीदीन' शब्द के उच्चारण में अड़चन थी, वे 'सत्यदीन' या 'सतीदीन' कहते थे, फिर भी 'सत्तीदीन' की उन्नति में वे कोई बाधा नहीं पहुँचा सके। अपनी अपार मूर्खता के कारण सत्तीदीन महाराज के खजांची हो गए—आधे। आधे इसलिए कि ताली सत्तीदीन के पास रहती थी, खाता एक दूसरे बाबू लिखते थे। सत्तीदीन इसे अपने एकान्त विश्वासी होने का कारण समझते थे। दूसरे हिन्दुस्तानियों पर भी इस मर्यादा का प्रभाव पड़ा। बिल्लेसुर समझ-बूझकर इनकी शरण में गए। सत्तीदीन सस्त्रीक रहते थे। दो-तीन गायें पाल रखी थीं। स्त्री 'शिखरिदशना' थीं, यानी सामने के दो दाँत आवश्यकता से अधिक बड़े थे। होंठों से कोशिश करने पर भी न बन्द होते थे। पैकू के सुकुल। कनवजियापन में बिल्लेसुर से बहुत बड़े। फलतः बिल्लेसुर को यहाँ सब तरह अपनी रक्षा देख पड़ी।

बिल्लेसुर सत्तीदीन के यहाँ रहने लगे। ऐसी हालत में गरीब की तहजीब जैसी, दबे पाँव, पेट खलाए, रीढ़ झुकाए, आँखें नीची किए आते-जाते रहे। उठते जोबन में सत्तीदीन की स्त्री को एक सुहलानेवाला मिला। दो-तीन दिन तक भोजन न खला। एक दिन औरतवाले कोठे जी गया। नक्की सुरों में बोलीं, "मैं कहती हूँ, बिल्लेसुर, तुम तो आ ही गए हो और अभी हो ही, इस चरवाहे को विदा क्यों न कर दूँ ? हराम का पैसा खाता है। कोई काम है ? घास खड़ी है, दो बोझ काट लानी है; नहीं, पैर की बँधी मूँठें हैं—यहाँ-वहाँ का जैसा धान का पैरा नहीं—बड़ा-बड़ा कतर देना है और थोड़ी-सी सानी कर देनी है, देश में जैसे डण्डा लिये यहाँ ढोरों के पीछे नहीं पड़ा रहना पड़ता, लम्बी-लम्बी रस्सियाँ, तीन गायें हैं, घास खड़ी है, बस ले गए और खूँटा गाड़कर बाँध दिया, गायें चरती रहीं, शाम को बाबू की तरह टहलते हुए गए और ले आए, दूध दुह लिया, रात को मच्छड़ लगते हैं, गीले पैर का धुआँ दे दिया। कहने में तो देर भी लगी," कहकर सत्तीदीन की स्त्री ने कनपटी घुमाई और दोनों होंठ सटाने शुरू किए।

बिल्लेसुर चौकन्ने। ढोर चराने के लिए समन्दर पार नहीं किया। यह काम गाँव में भी था। लेकिन परदेश है। अपना कोई नहीं। दूसरे के सहारे पार लगना है। सोचा, तब तक कर लें। नौकरी न लगी तो

घर का रास्ता नापेंगे।

बिल्लेसुर को जवाब देते देर हुई। सत्तीदीन की स्त्री ने कनपटी घुमाई कि बिल्लेसुर बोले, ''कौन बड़ा काम है ! काम के लिए ही तो आया हूँ सात सौ कोस—देस सात सौ कोस तो होगा ?''

बिल्लेसुर के निश्चय पर जमकर सत्तीदीन की स्त्री ने कहा, ''ज्यादा होगा।'' कानपुर से बर्दवान की दूरी। सोचकर बोलीं, ''जमादार आएँगे तो पूछूँगी, उनकी किताब में सब लिखा है।''

बिल्लेसुर खामोश रहे। मन में किस्मत को भला-बुरा कहते रहे।

शाम को जमादार आए। भोजन तैयार था। स्त्री ने पैर धुला दिए। जमादार पाटे पर बैठे। स्त्री दिन को मक्खियाँ उड़ाती हैं, रात को सामने बैठी रहती हैं। जमादार भोजन करने लगे। स्त्री ने कहा, ''जमादार, बिल्लेसुर कहते हैं, अपना देस यहाँ से सात सौ कोस है, मैं कहती हूँ, और होगा। तुम्हारी किताब में तो सबकुछ लिखा है ?''

सत्तीदीन को एक डायरी मिली थी। डायरी भी वही बाबू लिखता था। लिखने के विषय के अलावा और क्या-क्या उसमें लिखा है, सत्तीदीन उस बाबू से कभी-कभी पढ़ाकर समझते थे। सत्तीदीन ने सोचा, महाराज ने ऊँचा पद तो दिया ही है, संसार को भी उनकी मुट्ठी में बेर की तरह डाल दिया है। कई रोज वह किताब घर ले आए थे, और वहाँ जो कुछ सुना था, जितना याद था, जबानी स्त्री को सुनाया था।

बायें हाथ से मूँछों पर ताव देते हुए मुँह का नेवाला निगलकर सत्तीदीन ने कहा, ''सात सौ कोस इलाहाबाद तक पूरा हो जाता है।'' उनकी स्त्री चमकती आँखों से बिल्लेसुर को देखने लगीं।

बिल्लेसुर हार मानकर बोले, ''जब किताब में लिखा है तो यही ठीक होगा।''

पति को प्रसन्न देखकर पत्नी ने अर्जी पेश की, जिस तरह पहले बड़े आदमियों का मिजाज परखा जाता था, फिर बात कही जाती थी। बिल्लेसुर गर्जमन्द की बावली निगाह से देखते रहे। सत्तीदीन ने उसमें एक सुधार की जगह निकाली, कहा, ''बिल्लेसुर अपने आदमी हैं, इसमें शक नहीं, लेकिन इसमें भी शक नहीं कि उस छोकड़े से ज्यादा खाएँगे। हम तनख्वाह न देंगे। दोनों वक्त खा लें। तनख्वाह की जगह हम तहसील के जमादार से कह देंगे, वे इन्हें गुमाश्तों के नाम तहसील

की चिट्ठियाँ देते रहें, ये चार-पाँच घंटे में लगा आएँगे, इन्हें चार-पाँच रुपए महीने मिल जाया करेंगे, हमारा काम भी करते रहेंगे।''

सत्तीदीन की स्त्री ने किए उपकार की निगाह से बिल्लेसुर को देखा। बिल्लेसुर खुराक और चार-पाँच का महीना सोचकर अपने धनत्व को दबा रहे थे, इतने से आगे बहुत कुछ करेंगे। सोचते हुए उन्होंने सत्तीदीन की स्त्री से हामी की आँख मिलाई।

जमादार गम्भीर भाव से उठकर हाथ-मुँह धोने लगे।

तीन

बिल्लेसुर जीवन-संग्राम में उतरे। पहले गायों के काम की बहुत-सी बातें न कही गई थीं, वे सामने आईं। गोबर उठाना, जगह साफ करना, मूत पर राख छोड़ना, कंडे पाथना, कभी-कभी गायों को नहलाना आदि भीतरी बहुत-सी बातें थीं। दरअसल फुर्सत न मिलती थी। पर बिना चिट्ठी लगाए पूरा न पड़ता था। पास-पास की चिट्ठियाँ मिलती थीं, जैसा सत्तीदीन कह गए थे। एक चिट्ठी के तीन आने मिलते थे। कुछ दिनों में बिल्लेसुर को मालूम हुआ, दूर की चिट्ठी में दूना मिलता है। उन्होंने हाथ बढ़ाया। तहसील के जमादार ने कहा—न तुम नौकर हो, न किसी की एवज पर हो, फिर सत्तीदीन ने मना किया है, दूर की चिट्ठी हम न देंगे। बिल्लेसुर पैरों पड़े, कहा—नौकर तो आप ही करेंगे; तब तक दूरवाली चिट्ठी भी दें, मैं बारह कोस छह घंटे में जाऊँगा-आऊँगा। जमादार चिट्ठी देने लगे।

चिट्ठी लगाना सत्तीदीन की स्त्री को अखरता था। बिल्लेसुर लौटकर सदा चढ़ी त्योरियाँ देखते थे। गोकि काम में कसर न रहती थी। दस बजे तक कुल काम कर जाते थे। लौटकर गायों को खोल

लाते थे और रात नौ बजे तक उनके पीछे लगे रहते थे। फिर भी सत्तीदीन की स्त्री की शिकन न मिटती थी। दूसरा नौकर भी न रखा, क्योंकि बिल्लेसुर सस्ते थे। बातें कभी-कभी सुनाती थीं जो कानों को प्यारी न थीं, और उनसे पेट की आँतें निकलने को होती थीं। बिल्लेसुर बरदाश्त करते थे। गरमी के दिनों में दस-बारह बजे तक घर का कुछ काम करते थे, फिर चिट्ठी लगाते हुए देर हुई सोचकर धूप में नंगे सिर, बिना छाता, दौड़ते हुए रास्ता पार करते थे। लौटते थे हाँफते हुए, मुँह का थूक सूखा हुआ, होंठ सिमटे हुए, पसीने-पसीने, दिल धड़कता हुआ, यहाँ का बाकी काम करने के लिए। पहुँचकर जमीन पर जरा बैठते थे कि सत्तीदीन की स्त्री पूछती थीं—कितना कमा लाए बिल्लेसुर ? जबान छुरी-सी पैनी, मतलब हलाल करता हुआ। बिल्लेसुर उस गरमी में बनावटी नरमी लाते हुए, खीस निपोड़कर जवाब देते हुए, जरा सुस्ताकर गायों के पीछे तरह-तरह के काम में दौड़ते हुए।

उन दिनों कइयों से बिल्लेसुर कह चुके—मर्द से औरत होना अच्छा। कोई नहीं समझा। बिल्लेसुर सूखे होंठों की हार खाई हँसी हँसकर रह गए।

गाँव में भी बिल्लेसुर की बरदाश्त करने की आदत पड़ी थी। कभी कुछ बोले नहीं। अपनी जिन्दगी की किताब पढ़ते गए। किसी भी वैज्ञानिक से बढ़कर नास्तिक।

बिल्लेसुर दूसरे का अविश्वास करते-करते एक खास शक्ल के बन गए थे। पर अपना बल न छोड़ा था, जैसे अकेले तैराक हों। सत्तीदीन की स्त्री को न मालूम होने दिया कि दूर की कौड़ी लाते हैं। बारह कोस की दौड़ छः कोस की रही। दुनिया को खुश करने की नस टोए पा चुके थे। दम साधे, दबाते हुए कई महीने खे गए। एक दिन जमादार को खुश देखकर बोले, ''बाबा, अब नौकरी लगा देते !''

उन्होंने कहा, ''अच्छा, कल नाप देना।''

बिल्लेसुर मन्नी के भाई थे, पाँच फीट से कुछ ही ऊपर ! जानते थे, ऊँचाई घटेगी। तरकीब निकाली। चमरौधा जूता था डेढ़ इंच से कुछ ज्यादा ऊँचे तले का। उसमें रूई की गद्दी लगाई। पहनकर खड़े हुए तो जैसे ईंटों पर खड़े हों। लेकिन झेंपे नहीं, न डरे, जैसे फर्ज अदा कर रहे हों, गए। कचहरी में लट्ठ लाकर लगाया गया। बिल्लेसुर ने

आँख उठाई कि देखें, पूरे हो गए। नापनेवाले ने कहा—डेढ़ इंच घटा।

बिल्लेसुर ने जमादार को उड़ी निगाह से देखा। साथ आरजू-मिन्नत। जमादार मुस्कुराए। कहा, "बिल्लेसुर, तुम नौकर नहीं हो सकते, लेकिन कोई-न-कोई सिपाही छुट्टी पर रहता है, जगह तुम्हें मिलती रहेगी, बिना तनख्वाह की छुट्टीवाले की तनख्वाह भी।"

बिल्लेसुर तरक्की की सोचकर मुस्कुराए।

एक साल बीत गया।

चार

सत्तीदीन की स्त्री को आए कई साल हो गए, उन्होंने जगन्नाथजी के दर्शन नहीं किए। पैसा पास था। एक दिन जमादार से बोलीं, "जमादार, पैसा तो पास है, लेकिन लड़का-बच्चा कोई नहीं। हमारे-तुम्हारे बाद पैसा अकारथ जाएगा। इतने दिन आए हुए, अभी जगन्नाथजी के दर्शन नहीं हुए। अब के सोचती हूँ, बाबा के दर्शन करूँ और कहूँ, बाबा, मेरी गोद भर दो तो तुम्हारे चरणों पर लोटकर तुम्हारी एक सौ एक रुपए की शिरनी चढ़ाऊँ। मेरा जी कहता है, बाबा मेरी मनोकामना पूरी करेंगे। देश-देश के लोग जाते हैं, मुँहमाँगा वरदान उन्हें मिलता है, भगवान ही हैं—अरे हाँ—जो कर, थोड़ा। फिर न जाने क्या सोचकर सत्तीदीन की स्त्री फूट-फूटकर रोने लगीं, फिर अपने हाथ आँसू पोंछकर हिचकियाँ लेती हुई बोलीं, "मुझे सब सुख है। जैसा अच्छा वर मिला, वैसा अच्छा घर। धन है, मान है, गहने हैं, कपड़े हैं, दूध से भरी हूँ, लेकिन ऊँ-हूँ-हूँ..." फिर रोदन, यानी पूत नहीं।

सत्तीदीन ने छाती से लगाकर कहा, "अभी तुम्हारी कोई उमर

हो गई है ? पहली होती तो एक बात होती। वे तो बेचारी चक्की पीसती हुई चली गईं। पाँच साल हुए, तुम्हें ब्याहकर लाया हूँ। अब तुम्हारी उम्र बीस साल की होगी ?''

सिसकियाँ लेते हुए स्त्री ने कहा, ''उन्नीसवाँ चल रहा है।'' हालाँकि उनकी उम्र पच्चीस साल से ऊपर थी।

''फिर ?'' सत्तीदीन ने कहा, ''इतनी उतावली क्यों होती हो ? मैं भी अभी बुड्ढा नहीं। लड़के-बच्चे जब आते हैं, अपने-आप आते हैं।''

''ऐसा न कहो,'' स्त्री ने कहा, ''कहो, जगन्नाथजी की कृपा से आते हैं।''

सत्तीदीन गम्भीर हो गए। बोले, ''जगन्नाथजी की कृपा सब तरफ है। ऊँचा ओहदा मिला है, यह भी जगन्नाथजी की कृपा है, और उनके दर्शन हम रोज करते हैं मन में। रही बात उनकी पुरी में जाने की, सो चले चलेंगे, दस दिन की छुट्टी ले लेंगे। यह कौन बड़ी बात है ?''

स्त्री को ढाँढ़स बँधा। इसी समय बिल्लेसुर आए। जमादार ने पूछा, ''बिल्लेसुर, जगन्नाथजी चलोगे ?''

बिल्लेसुर खरचा नहीं लगाना चाहते थे। सत्तीदीन समझ गए। लेकिन बिल्लेसुर के पास होगा भी कितना, सोचकर कहा, ''अच्छा, अपनी छुट्टी मंजूर करा लेना दस दिन की, अगले इतवार को चलेंगे।'' सत्तीदीन को साथ एक नौकर चाहिए था।

बिल्लेसुर जब दूसरे की एवज में काम करने लगे, तब कचहरी की लगातार हाजिरी जरूरी हो गई। सत्तीदीन को गायों के काम के लिए दूसरा नौकर रखना पड़ा। बाहर का बहुत-सा काम बिल्लेसुर कर देते थे, यों वे अब अलग रहते थे, अलग पकाते-खाते थे।

फोकट में जगन्नाथजी के दर्शन होंगे, बिल्लेसुर के आनन्द का आरपार न रहा। उन्होंने छुट्टी मंजूर करा ली। अगले इतवार के दिन सत्तीदीन के सामान के रक्षक के रूप में जगन्नाथजी के दर्शनों के लिए सत्तीदीन और उनकी स्त्री के साथ रवाना हुए।

जिस तरह सत्तीदीन की स्त्री का विश्वास था कि जगन्नाथजी की कृपा की दृष्टि पड़ते ही वे गर्भिणी हो जाएँगी, उसी तरह बिल्लेसुर का विश्वास था कि सत्तीदीन की इच्छामात्र से उनकी नौकरी स्थायी

हो जाएगी, चाहे डेढ़ इंच की जगह बालिश्त-भर छोटे पड़ें।

अपने विश्वास को फलीभूत करने का उपाय बिल्लेसुर रास्ते में सोचते गए।

पुरी पहुँचकर बहुत खुश हुए। ऐसा दृश्य कानपुर से बर्दवान तक न देखा था। समन्दर का किनारा—बालू के ढूह—देखकर बहुत खुश हुए, समुद्र देखकर जामे से बाहर हो गए। जगन्नाथजी की स्मृति में बहुत-से घोंघे समुद्र के किनारे से चुनकर रख लिए, कुछ छोटे-छोटे शंख-से।

मार्कण्डेय, वटकृष्ण, चन्दनतालाब आदि प्रसिद्ध जगहें देखते फिरे। मन्दिर के अहाते में और छोटे-छोटे मन्दिर हैं। एक-एक देखते फिरे। एकादशी को एक जगह उलटा टँगी देखकर हँसे। सत्तीदीन ने कहा, "बाबा के प्रताप से यहाँ एकादशी उलटा टाँग दी गई हैं। यहाँ कोई एकादशी का व्रत नहीं कर सकता।" बिल्लेसुर ने उन्हें भी हाथ जोड़कर प्रणाम किया। फिर सब लोग कलयुग की मूर्ति देखने गए। कलियुग अपनी बीवी को कन्धे पर बैठाए बाप को पैदल चला रहा है। सत्तीदीन की स्त्री गौर से देखती रहीं। कई रोज बड़े आनन्द से कटे। भुवनेश्वर चलने की तैयारी हुई।

जगन्नाथजी में जूठा नहीं होता, या दूसरे की जूठन खाना प्रचलित है। इधर के लोग, जिन्हें चौके की कैद माननी पड़ती है, वहाँ खुलकर एक दूसरे की जूठन खाते हैं। कोई बुरा नहीं मानता। बिल्लेसुर ने जमादार और जमादारिन की पत्तलों में अपने जूठे हाथ से भात उठाकर डाल दिया। वे कुछ न बोले, बल्कि खाते हुए हँसते रहे।

दो दिन बीत जाने पर की बात है, जमादार नहा चुके थे, बिल्लेसुर भी नहाकर आए। आकर सीधे जमादार के पास गए और उनके पैर पकड़कर पेट के बल लेट गए। "क्या है बिल्लेसुर ?—क्या है बिल्लेसुर ?" जमादार शंका की दृष्टि से देखते हुए पूछने लगे।

बिल्लेसुर ने करुण स्वर से कहा, "कुछ नहीं, बाबा, मेरा भवसागर से उद्धार करो।"

"भवसागर से उद्धार हम कैसे करें, बिल्लेसुर ? क्या हो गया है ?" सत्तीदीन विचलित हो गए।

पैर पकड़े हुए ही बिल्लेसुर ने कहा, "बाबा, मुझे गुरुमन्त्र दो !"

"अरे, गुरु यहाँ एक-से-एक बड़े हैं, छोड़ो पाँव। उनमें जिससे चाहो, मन्त्र ले लो।" सत्तीदीन ने पैर छुड़ाने को किया।

"मेरी निगाह में तुमसे बड़ा कोई नहीं। तुम मुझ पर दया करो।" पैर पकड़े हुए बिल्लेसुर ने पैर पर माथा रख दिया।

"मुझे तो कोई गुरुमन्त्र आता ही नहीं। सिर्फ गायत्री आती है।" विकल होकर सत्तीदीन ने कहा।

"बाबा, गायत्री से बड़ा गुरुमन्त्र और कोई नहीं। मैं यही मन्त्र लूँगा।"

"अरे, गायत्री तो जनेऊ होते वक्त तुम सुन चुके हो।"

"मैं भूल गया हूँ। तुम्हारे पैर छूकर कहता हूँ। कल मैंने सपना देखा है कि बाबा जगन्नाथजी कहते हैं...लेकिन कहूँगा तो सपना फलियाएगा नहीं।"

स्वप्न की बात से सत्तीदीन की स्त्री रोमांचित हुई। बिल्लेसुर बाजी मार ले गया, सोचा। पुकारकर कहा, "बिल्लेसुर, पैर छोड़ दो। तुम्हें बाबा का सपना हुआ है, तो मैं कहती हूँ, जमादार गुरुमन्त्र देंगे। यहाँ आओ, अकेले में मुझसे बताओ कि क्या सपना देखा।"

बात पाकर बिल्लेसुर ने पैर छोड़ दिए। सत्तीदीन की स्त्री कोठरी की तरफ बढ़ीं। बिल्लेसुर साथ-साथ गए। वहाँ जाकर कहा, "मैं सोता था, सोता था, देखा—भस्म से एक आग जल उठी, उसमें तीन मुँहवाला एक आदमी बैठा था, उसने कहा—'बिल्लेसुर, तू गरीब ब्राह्मण है, सताया हुआ है, लेकिन घबड़ा मत, तू जिसके साथ आया है, उनकी सेवा कर, उनसे यहीं गुरुमन्त्र ले ले, तू दूधों-पूतों फलेगा।' फिर देखता हूँ तो कहीं कुछ नहीं।"

सत्तीदीन की स्त्री ने निश्चय किया, फल उलटा हुआ। वह सपना दरअसल उन्हें होना था। कोई खता न हो गई हो। हर सोमवार बाबा के नाम घी की बत्ती देने का संकल्प किया, फिर सत्तीदीन से मन्त्र दे देने के लिए कहा। सत्तीदीन ने कंठी, माला, मिठाई, अँगोछा आदि बाजार से खरीद लाने के लिए बिल्लेसुर से कहा। बिल्लेसुर गए, क्षण-भर में खरीद लाए। सत्तीदीन ने गायत्री मन्त्र से पुनर्वार बिल्लेसुर को दीक्षित किया।

बिल्लेसुर की श्रद्धालु आँखों का प्रभाव सत्तीदीन की स्त्री पर पड़ा। जगन्नाथ-दर्शन बिल्लेसुर के मुकाबले उनका फीका रहा,

सोचकर जमादार से बोलीं, "जमादार, मैं कहती हूँ, मन्त्र मैं भी क्यों न ले लूँ ?"

जमादार ने कहा, "अच्छा, पण्डाजी आवें, तो पूछ लें।"

ईश्वर की इच्छा से पण्डाजी कुछ ही देर में आ गए। सत्तीदीन ने पूछा।

पण्डाजी ने सत्तीदीन की स्त्री को देखा और कहा, "अभी तुम रख नहीं सकेगा। अभी तो तुमको मासिक धर्म होता है।"

सत्तीदीन की स्त्री कटी निगाह देखती रहीं। पण्डाजी ने सत्तीदीन को सलाह दी कि चौथेपन में गुरुमन्त्र लेना लाभदायक होता है। जब तक स्त्री को मासिक धर्म होता है तब तक वह मन्त्र की रक्षा नहीं कर सकती, अशुद्ध रहती है और तरह-तरह से पैर फिसलने की सम्भावना है। सत्तीदीन मान गए।

वहाँ से भुवनेश्वर गए, फिर बर्दवान वापस आए।

पाँच

सत्तीदीन की स्त्री एक साल तक जगन्नाथजी की शक्ति की परीक्षा करती रहीं। हर सोमवार को घी का दीया देती थीं और हर महीने के अन्त तक प्रतीक्षा करती थीं। लेकिन कोई फल न हुआ।

बिल्लेसुर की क्रिया-काष्ठा बहुत बढ़ गई। तिलक, माला और गायत्री के धारण से उनकी प्रखरता दिन-पर-दिन निखरती गई।

जब एक साल तक पुत्र-विषय में बाबा जगन्नाथजी ने कृपा न की तब सत्तीदीन की स्त्री का देवता पर कोप चढ़ा और वे दिव्य शक्ति को छोड़कर मनुष्य शक्ति की पक्षपातिनी बन गईं—यथार्थवादी लेखक की तरह।

बिल्लेसुर को बड़ी ग्लानि हुई। उनके गुरुमन्त्र का लोग मजाक उड़ाते थे। उनकी हालत में भी कोई सुधार नहीं हुआ। उन्होंने निश्चय किया, देश चलकर रहेंगे, जमींदार की गुलामी से गुरु की गुलामी सख्त है। यहाँ से वहाँ की आबोहवा अच्छी, अपने आदमी बोलने-बतलाने के लिए हैं, अब यहाँ नहीं रहेंगे।

गुरुआइन का यथार्थवाद भी बिल्लेसुर को खला। एक दिन वे

अपनी कंठी और माला लेकर गए और गुरुआइन के सामने रखकर कहा, "मैंने देश जाने की छुट्टी ली है। लौटूँ या न लौटूँ। कहने को क्यों रहे, यह माला है और यह कंठी। लो, अब मैं चेला नहीं रहूँगा। जैसे गुरु, वैसे तुम, यह तुम्हारा मन्त्र है !"

कहकर गायत्री-मन्त्र की आवृत्ति कर गए और सुनाकर चल दिए, फिर पैर भी नहीं छुए।

छह

बिल्लेसुर गाँव आए। अंटी में रुपए थे, होंठों में मुसकान। गाँव के जमींदार, महाजन, पड़ोसी—सबकी निगाह पर चढ़ गए, सबके अन्दाज लड़ने लगे—'कितना रुपया ले आया है।' लोगों के मन की मन्दाकिनी में अव्यक्त ध्वनि थी—बिल्लेसुर रुपयों से हाथ धोएँ। रात को लाठी के सहारे कच्चे मकान की छत पर चढ़कर, आँगन में उतरकर, रखा सामान और कपड़े-लत्ते उठा ले जानेवाले चोर ताक में रहने लगे कि मौका मिले तो हाथ मारें। एक दिन मंसूबा गाँठकर त्रिलोचन मिले और अपनी ज्ञानवाली आँख खोलकर बड़े अपनाव से बिल्लेसुर से बातचीत करने लगे, "क्यों बिल्लेसुर, अब गाँव में रहने का इरादा है या फिर चले जाओगे?"

बिल्लेसुर त्रिलोचन के पिता तक का इतिहास कंठाग्र किए थे, सिर्फ हिन्दी के ब्लैंक वर्स के श्रेष्ठ कवि की तरह किसी सम्मेलन या घर की बैठक में आवृत्ति करके सुनाते न थे। मुस्कुराते हुए नरमी से बोले, "भैया, अब तो गाँव में रहने का इरादा है—बंगाल का पानी बड़ा लागन है।"

त्रिलोचन के तीसरे नेत्र में और चमक आ गई। एक कदम बढ़कर और निकट होते हुए, सामीप्यवाले भक्त के सहानुभूतिसूचक स्वर से बोले, "बड़ा अच्छा है, बड़ा अच्छा है ! काम कौन-सा करोगे ?"

"अभी तक कुछ विचार नहीं किया," बिल्लेसुर वैसे ही मुस्कुराते हुए बोले।

"बिना सोते के कुआँ सूख जाता है। बैठे-बैठे कितने दिन खाओगे ?"

"सही-सही कहता हूँ। अभी तो ऐसे ही दिन कटते हैं।"

"ऐसा न कहना। गाँव के लोग बड़े पाजी हैं। पुलिस में रिपोर्ट कर देंगे तो बदमाशी में नाम लिख जाएगा। कहा करो, जब चुक जाएगा तब फिर कमा लाएँगे।"

बिल्लेसुर सिटपिटाए। कहा, "हाँ, भैया, आजकल होम करते हाथ जलता है। लोग समझेंगे, जब कुछ है ही नहीं तब खाता क्या है ?—चोरी करता होगा।"

त्रिलोचन ने सोचा, परले दरजे का चालाक है, कहीं कुछ खोलता ही नहीं। खुलकर बोले, "हाँ, दीनानाथ इसी तरह बहुत खीस निपोड़कर बातचीत किया करते थे, अब लिखे गए बदमाशी में, रात को निगरानी हुआ करती है।"

बिल्लेसुर फिर भी पकड़ में न आए। कहा, "पुलिसवाले आँखें देखकर पहचान लेते हैं—कौन भला आदमी है, कौन बुरा। अपने खेत मैं रामदीन को बँटाई में देकर गया था। वही खेत लेकर किसानी करूँगा।"

त्रिलोचन को थोड़ी-सी पकड़ मिली। कहा, "हाँ, यह तो अच्छा विचार है। लेकिन तुम्हारे बैल तो हैं ही नहीं, किसानी कैसे करोगे ?"

बिल्लेसुर पेंच में पड़े। कहा, "इसलिए तो कहा था कि अभी तक कुछ तय नहीं कर पाया।"

त्रिलोचन का पारा चढ़ना ही चाहता था, लेकिन पारा चढ़ने से खरी-खोटी सुनकर अलग हो जाने के अलावा और कोई स्वार्थ न सधेगा, सोचकर मुश्किल से उन्होंने अपने को यथार्थ कहने से रोका, और बड़े धैर्य से कहा, "हमारे बैल ले लो।"

"फिर तुम क्या करोगे ?"

"हम और बड़ी गोई लेना चाहते हैं। लेकिन सौ रुपए लेंगे।"

बिल्लेसुर ने निश्चय किया, सौ रुपए ज्यादा नहीं हैं। कहा, "अच्छा, कल बतलाएँगे।"

त्रिलोचन, एक काम है, कहकर चले। मन में निश्चय हो गया कि सौ रुपए एकमुश्त देनेवाले बिल्लेसुर के पास पाँच-सात सौ रुपए जरूर होंगे।

त्रिलोचन दूसरी जगह सलाह करने गए कि किस उपाय से वे रुपए निकाले जाएँ।

बिल्लेसुर त्रिलोचन के जाने के साथ घर के भीतर गए और कुछ देर में तैयार होकर बाहर के लिए निकले।

लोगों ने पूछा, "कहाँ जाते हो, बिल्लेसुर ?"

बिल्लेसुर ने कहा, "पटवारी के यहाँ।"

शाम होते-होते लोगों ने देखा, तीन बड़ी-बड़ी गाभिन बकरियाँ लिए बिल्लेसुर एक आदमी के साथ आ रहे हैं। गाँवभर में हल्ला हो गया, बिल्लेसुर तीन बकरियाँ ले आए हैं। सबने एक-एक लम्बी साँस छोड़ी।

बकरियों का समाचार पाकर त्रिलोचन फिर आए। कहा, "बकरी ले आए, अच्छा किया, अब ढोर काफी हो जाएँगे।"

बिल्लेसुर ने कहा, "हाँ, बैलोंवाला विचार अब छोड़ दिया है, कौन हमारे सानी-पानी करेगा ? बकरियों को पत्ते काटकर डाल दूँगा। बैलों को बाँधकर बैल ही बना रहना पड़ता है।"

"और किसानी ?"

"बँटाई में है, साझे में कर लेंगे।"

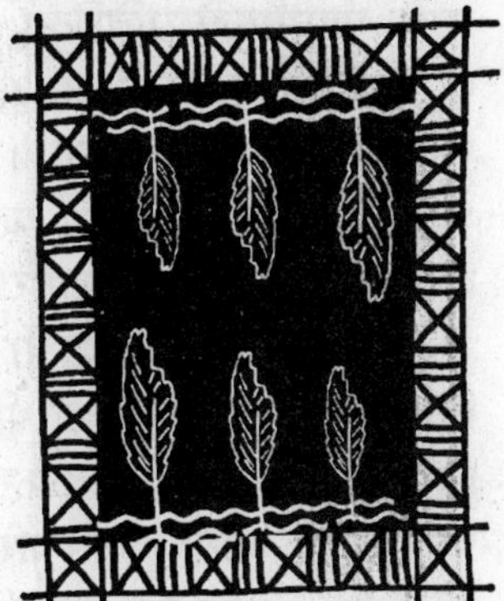

सात

बिल्लेसुर ने लम्बे-पतले बाँस के लग्गे में हँसिया बाँधा—बढ़ाकर गूलर-पीपल, पाकड़ आदि पेड़ों की टहनियाँ छाँटकर बकरियों को चराने के लिए। तैयारी करते दिन चढ़ आया। बिल्लेसुर गाँव के रास्ते बकरियों को लेकर निकले।

रामदीन मिले। कहा, "ब्राह्मण होकर बकरी पालोगे ? लेकिन हैं बड़ी अच्छी बकरियाँ, खूब दूध देंगी, अब दो साल में बकरी-बकरों से घर भर जाएगा, आमदनी काफी होगी," कहकर लोभी निगाह से बकरियों को देखते रहे।

रास्ते पर जवाब देना बिल्लेसुर को वैसा आवश्यक नहीं मालूम दिया। साँस रोके चले गए। मन में कहा—'जब जरूरत पर ब्राह्मणों को हल की मूठ पकड़नी पड़ी है, जूते की दुकान खोलनी पड़ी है, तब बकरी पालना कौन बुरा काम है ?'

ललई कुम्हार अपना चाक चला रहे थे, बकरियों को देखकर एक कॉमरेड के स्वर में बिल्लेसुर का उत्साह बढ़ाया। बिल्लेसुर प्रसन्न होकर आगे बढ़े। आगे मन्दिर था। भीतर महादेवजी, बाहर पीछे की

तरफ महावीरजी प्रतिष्ठित थे। जबकि बिल्लेसुर गुरुमन्त्र छोड़ चुके थे, फिर भी बकरियों की भेड़िए से कल्याण-कामना किए बिना नहीं रहा गया—मन्दिर में गए। उन्हें महादेवीजी से महावीरजी अधिक शक्तिवाले मालूम दिए। यह भी हो सकता है कि बाहर महावीरजी के पास जाने से वे गलियारे से जाती हुई बकरियों को भी देख सकते थे। अस्तु, महावीरजी के पैर छूकर, मन-ही-मन उन्होंने कुछ कहा और फिर अपनी बकरियों का पीछा पकड़ा। खेत की हरियाली की तरफ लपकती बकरी को हटककर सामने लक्ष्य स्थिर करके बढ़े। मन्नू का पका कुआँ आया। गलियारे में ही खड़े-खड़े लग्गा बढ़ाकर गलियारे पर आती पीपल की निचली डाल से टहनियाँ छाँटने लगे। टहनियों के गिरते ही बकरियाँ पत्तियों से जुट गईं। जरूरत-भर लच्छियाँ छाँटकर लग्गा डाल के सहारे खड़ा कर बिल्लेसुर कुएँ की जगत पर चढ़कर बैठे—बकरियों को देखते हुए। सामने परती जमीन थी। बगल से एक बरसाती नाला निकला था। चरवाहे लड़के वहीं ढोर लिए इधर-उधर खड़े थे। बिल्लेसुर को देखा। उनकी बकरियों को देखा। भगाने की सूझी। सयाने लड़कों ने सलाह की। बात तय हो गई कि खेदकर नाले में कर दिया जाए। बिल्लेसुर परेशान होंगे, खोजेंगे। मिलेंगी, मिलेंगी; न मिलेंगी, बला से। एक ने कहा—पासियों को खबर कर दी जाए तो नाले में मारकर निकालेंगे, कुछ मांस हमें भी मिलेगा। दूसरे ने कहा—गाभिन है, किस काम का मांस ! फिर भी बकरियों को भगाने का लोभ लड़कों से न रोका गया। सलाह करके कुछ बाहर तके रहे, कुछ बिल्लेसुर के पास गए। एक ने कहा, "काका, आओ, कुछ खेला जाए।"

बिल्लेसुर मुस्कुराए। कहा, "अपने बाप को बुला लाओ, तुम क्या हमारे साथ खेलोगे ?" फिर सतर्क दृष्टि से बकरियों को देखते रहे।

दूसरे ने कहा, "अच्छा, काका, न खेलो। परदेश गए थे, वहाँ के कुछ हाल सुनाओ।"

बिल्लेसुर ने कहा, "बिना अपने मरे कोई सरग नहीं देखता। बड़े होकर परदेश जाओगे तब मालूम कर लोगे कि कैसा है।"

एक तीसरे ने कहा, "यहाँ हम लोग हैं, भेड़िए का डर नहीं। वह ऊँचे हार में लगता है।"

बिल्लेसुर ने कहा, "इधर भी आता है, लेकिन आदमी का भेस बदलकर," यह कहकर बिल्लेसुर उठे।

बकरियाँ एक-एक पत्ती टूँग चुकी थीं। झपाटे से बढ़कर लग्गा उठाया और हाँककर दूसरी तरफ ले चले। परती जमीन से ऊँचे बाग की तरफ चलते हुए कुछ रियाँ की लच्छियाँ छाँटीं। दीनानाथ गाँव जाते हुए मिले। लोभी निगाह से बकरियों को देखते हुए पूछा, "कितने की खरीदीं ?"

बिल्लेसुर ने निगाह ताड़ते हुए कहा, "अधियाँ की मिली हैं।"

बिल्लेसुर के जगे भाग से दीना की चोटी खड़ी हो गई—ऐसा तअज्जुब हुआ। पूछा, "तीनों ?"

बिल्लेसुर ने अपनी खास मुस्कुराहट के साथ जवाब दिया, "नहीं तो क्या—एक ?"

दीना ने अरथाकर पूछा, "यानी बकरी तुम्हारी, दूध तुम्हारा, मर जाए, उसकी। बच्चे आधे-आधे ?"

बिल्लेसुर ने कहा, "हाँ।"

बिल्लेसुर के असम्भावित लाभ के बोझ से जैसे दीना की कमर टेढ़ी हो गई। दबा हुआ बोला, "हाँ, गुसैयाँ जिसको दे।" मन में ईर्ष्या हुई। बिल्लेसुर अकेले मजा लेंगे ? दीना नहीं, अगर बकरियों को पेट में न डाला।

बिल्लेसुर ने देखा, दीना के माथे पर बल पड़े हुए थे, आँखों में इरादा जाहिर था। बिल्लेसुर को जिन्दगी के रास्ते रोज ऐसी ठोकर लगी है—कभी बचे हैं, कभी चूके हैं। अब बहुत सँभले रहते हैं, हमेशा निगाह सामने रहती है। वहाँ से बढ़ते हुए गूलर के पेड़ के तले गए। कुछ पत्ते काटे और उनका बोझ बनाकर बाँध लिया घर में बकरियों को खिलाने के इरादे। जब बकरियों का पेट भर गया तब बोझ सिर पर रखकर दूसरे रास्ते से बकरियों को लिए हुए घर लौटे।

आठ

बिल्लेसुर के अपने मकान के इतने हिस्से हुए थे कि बकरियों को लेकर वहाँ रहना असम्भव था। भाइयों को राजयक्ष्मा न होने के कारण बकरियों की गन्ध से एतराज होता। दूसरे, पुराना होकर घर कई जगह गिर गया था। रात को भेड़िए के रूप में चोर आ सकते थे और बकरियों को उठा ले जा सकते थे। ऐसे अनेक कारणों से बिल्लेसुर ने गाँव में एक खाली पड़ा हुआ पुराना मकान रहने के लिए लिया। खरीदा नहीं। यह शर्त रही कि छाएँगे, छोपेंगे, गिरने से मकान को बचाए रहेंगे। नोटिस मिलने पर छः महीने में मकान खाली कर देंगे। मालिक-मकान परदेश में रहते थे, एक तरह वहीं बस गए थे। जिनके सुपुर्द मकान था, वे सोलह आने नजर लेकर बिल्लेसुर पर दयालु हो गए थे।

यह मकान परदेशी का होने के कारण वजादार हो, यह बात नहीं। परदेशी जब इस मकान में रहते थे, बिल्लेसुर की ही तरह देशी थे। देश की दीनता के कारण ही परदेश गए थे। मकान के सामने एक अन्धा कुआँ है और एक इमली का पेड़। बारिश के पानी से

धुलकर दीवारें ऊबड़-खाबड़ हो गई हैं, जैसे दीवारों से ही पनाले फूटे हों। भीतर के पनाले का मुँह भर जाने से बरसात का पानी दहलीज की देहरी के नीचे गड्ढा बनाकर बहा है। गड्ढा बढ़ता-बढ़ता ऐसा हो गया है कि बड़े जानवर, कुत्ते जैसे आसानी से उसके भीतर से निकल सकते हैं। दहलीज का फर्श कहीं भी बराबर नहीं। उसके ऊपर लेटने की बात क्या, चारपाई भी उस पर नहीं डाली जा सकती। दूसरी तरफ एक खमसार है और उसी से लगी एक कोठरी। इसी में बिल्लेसुर आकर रहे। दरवाजे का गढ़ा तोप दिया। बाकी घर की धीरे-धीरे मरम्मत करते रहे।

एक वक्त रोटी पकाते थे, दोनों वक्त खाते थे। इस तरह साल-भर से ज्यादा झेल ले गए। उनका लक्ष्य और काम बढ़ते गए। लेकिन अड़चन से पीछा नहीं छूटा। गाँव में जितने आदमी थे, अपना कोई नहीं, जैसे दुश्मनों के गढ़ में रहना हो। भाई भी अपने नहीं। बिल्लेसुर सोचते थे—क्यों एक दूसरे के लिए नहीं खड़ा होता। जवाब कभी कुछ नहीं मिला। मुमकिन, दुनिया का असली मतलब उन्होंने लगाया हो। फिर भी, जान रहते काम करना पड़ता है, दूसरे की मदद करनी पड़ती है, सहारा लेना पड़ता है, यह सच है। इधर कोई ध्यान नहीं देता, यह कमजोरी दूर नहीं हो रही। कोई सूरत भी नहीं नजर आ रही। हमारे सुकरात के जबान न थी, पर इसकी फिलॉसफी लचर न थी। सिर्फ कोई इसकी सुनता न था। इसे भी भूलभुलैया से बाहर निकलने का रास्ता नहीं दिखा, इसलिए यह भटकता रहा।

कुछ वक्त और बीता। बकरियों के साथ ही रहते थे। सारे घर में लेंड़ियाँ। दमदार पहले से थे, बकरियों के साथ रहकर और हो गए थे। अब तक खरीदी बकरियों के नाती-नातिनें पैदा हो चुकी थीं। कुछ पट्ठे बेच भी चुके थे। अच्छी आमदनी हो चली थी। गाँववालों की नजर में और खटकने लगे थे। एक दफा कुछ लोग बिल्लेसुर के खिलाफ जमींदार के यहाँ फरियाद लेकर गए थे कि गाँव के कुल पेड़ बिल्लेसुर ने ढूँड़े कर दिए—उनकी बकरियाँ बिकवा दी जानी चाहिए। जमींदार ने 'अच्छा' कहकर उनका उत्साह बढ़ाकर टाल दिया, क्योंकि बिल्लेसुर की बकरियों पर उनकी निगाह पहले पड़ चुकी थीं और वे सरकारी पेड़ों की छँटाई की एक

रकम बिल्लेसुर से तय करके लेने लगे थे। गाँववाले दिल का गुबार बिल्लेसुर को बकरिहा कहकर निकालने लगे। जवाब में बिल्लेसुर बकरी के बच्चों के वही नाम रखने लगे, जो गाँववालों के नाम थे।

नौ

नहाकर, रोटी पका-खाकर, शाम के लिए रखकर, बिल्लेसुर बकरियों को लेकर निकले। कन्धे में वही लग्गा पड़ा हुआ। जामुन पक रही थी। एक डाल में लग्गा डालकर हिलाया। लग्गे के एक तरफ हँसिया, दूसरी तरफ लगुसी बँधी थी। फरेंदे गिरे। बिनकर अँगोछे में ले लिए और खाते हुए गलियारे से चले। आगे महावीरजी वाला मन्दिर मिला। चढ़ गए और चबूतरे के ऊपर से मुँह की गुठली नीचे फेंककर महावीरजी के पैर छुए और रोज की तरह कहा—मेरी बकरियों की रखवाली किए रहना। तुलसीदासजी या सीताजी की जैसी अन्तर्दृष्टि न थी। होती, तो देखते। मूर्त्ति मुस्कुराई। जल्दी-जल्दी पैर छूकर और कहकर मन्दिर के चबूतरे से नीचे उतरे। बकरियों को लेकर गलियारे से होते हुए बाग की ओर चले। दुपहर हो रही थी। पानी का गहरा दौंगरा गिर चुका था। जमीन गीली हो गई थी। ताल-तलैयाँ, गड़ही-गढ़े बहुत-कुछ भर चुके थे। कपास, धान, अगमन, ज्वार-बाजरे, अरहर, सनई, सन, लोबिया, ककड़ी-खीरे, मक्की, उर्द आदि बोने के लोभी किसान तेजी से हल चला रहे थे। किसानी के तन्त्र के जानकार

बिल्लेसुर पहली वर्षा की मटैली सुगन्ध से मस्त होते हुए मौलिक किसानी करने की सोचते अपनी इसी धुन में बकरियों को लिए जा रहे थे। उन बँटाई उठाए खेतों में एक खेत खुद काश्त के लिए ले लिया था। बरसातवाली किसानी में मिहनत ज्यादा नहीं पड़ती। एक बाह, दो बाह करके बीज डाल दिया जाता है। वर्षा के पानी से खेती फूलती-फलती है। बैल नहीं है, अगमन जोतने-बोने के लिए कोई माँगे न देगा। बिल्लेसुर ने निश्चय किया कि छह-सात दिन में अपने काम-भर की जमीन वे फावड़े से गोड़ डालेंगे। गाँव के लोग और सब खेती करते हैं, शकरकन्द नहीं लगाते। इसमें काफी फायदा होगा। फिर अगहन में उसी खेत में मटर बो देंगे। जब शकरकन्द बैठेगी, रात को ताकना होगा, तब किसी को कुछ देकर रात को तका लेंगे। एक अच्छी रकम हाथ लग जाएगी।

निश्चय के बाद जब बिल्लेसुर इस दुनिया में आए तब देखा, वे बहुत दूर बढ़ आए हैं। आग्रह और उतावली से जाँच की निगाह बकरियों पर डाली—गंगा, यमुना, सरजू, पारवती हैं। सेखाइन, जमील, गुलबिया, सितबिया हैं। रमुआ, स्यमुआ, भगवतिया, परभुआ हैं। टुरुई है, और दिनवा ? बिल्लेसुर चौकन्ने होकर देखने लगे, पीछे दूर तक निगाह दौड़ाई। दीनानाथ न दिखे। कलेजा धक्-से हुआ। दीनानाथ सबसे तगड़े थे, वही पिछड़ गए, या कहाँ गए ? बुलाने लगे, "उर्र्र्र्, उर्र्र्र्र् ! दिनवा, अ ले—अ ले उर्र्र्र्र् ! आव—आव, दिनवा ! उर्र्र्र्, बेटा दीनानाथ, उर्र्र्र्र् !" टुरुई मिमियाने लगी; दीनानाथ की कोई आहट न मिली। "टुरुई, कहाँ है दिनवा ?" टुरुई मिमियाती हुई बिल्लेसुर के पास आ गई। बिल्लेसुर बकरियों को लेकर उसी रास्ते लौटे। उसी नाले के पास लड़के ढोर लिए खड़े थे। बिल्लेसुर को देखकर मुस्कुराए। बिल्लेसुर का हृदय रो रहा था। मुस्कुराहट से दिमाग में गर्मी चढ़ गई। लेकिन जब्त किया। भलमनसाहत से पूछा, "बच्चा, हमारा बकरा इधर रह गया ?"

"कौन बकरा ?"

"पट्ठा एक, हम दिनवा कहते थे।"

"दिनवा कहते थे तो दिनवा से पूछो। हम नहीं जानते, कहाँ है।"

बिल्लेसुर ने फिर पूछताछ नहीं की। सन्देह हुआ। जी में आया,

चलकर नाले के किनारे खोजें, लेकिन बकरियों को किसके भरोसे छोड़ जाएँ, फिर एक बच्चा गायब कर दिया जाए तो क्या करेंगे? जल्दी-जल्दी मकान की तरफ बढ़े। बच्चों और बकरियों को भगाते ले चले। रास्ते में दो-एक आदमी मिले, पूछा, "क्या है बिल्लेसुर, इतनी जल्दी और भगाए लिए जा रहे हो?"

बिल्लेसुर ने कहा, "भैया, एक पट्ठा किसी ने पकड़ लिया है, वहाँ नाले के पास लड़के ढोर लिए खड़े हैं, बताते नहीं।"

सुननेवालों ने कहा, "जानते हो, गाँव में ऐसे चोर हैं कि कठैली भी आँगन में रह जाए तो अटारी से उतरकर उठा ले जाएँ। बोलो तो हार-बाहर बेइज्जत करें। कहाँ कोई गाँव छोड़कर भग जाए?"

बिल्लेसुर बढ़े। दरवाजा खोला। कोठरी में बच्चों को और दहलीज में बकरियों को ताले के अन्दर बन्द करके डंडा लेकर दीना का पता लगाने चले।

पहले दीना के घर गए। पता लगा कि वह घर में नहीं है। वहाँ से सीधी खुश्की से नाले की ओर बढ़े। ऊँचे टीले पर एक लड़का बैठा इधर-उधर देख रहा था। बिल्लेसुर समझ गए। नाले के किनारे-किनारे बढ़े। लड़के ने एक खास तरह की आवाज की। बिल्लेसुर समझ गए कि पास ही कहीं है। बढ़ते गए, बढ़ते गए। दूर एक झाड़ी दिखी, निश्चय हुआ कि यहीं कहीं मरा पड़ा होगा। झाड़ी के पास पहुँचे, वहाँ कोई नहीं था। झाड़ी के भीतर गए। अच्छी तरह देखने लगे, खून से तर जमीन दिखी। तअज्जुब से देखते रहे। बकरा या आदमी न दिखा। चेहरा उतर गया। दिल रो रहा था, लेकिन आँखों में आँसू न थे। कहीं इनसाफ नहीं, सिर्फ लोग नसीहत देते हैं। चलकर कुएँ के पास आए। बहुत गरमा गए थे। जगत पर बैठे। बकरा मार डाला गया। लड़के जानते हैं, लेकिन बतलाते नहीं। आठ रुपए का था। जी रो उठा। कोई मददगार नहीं। ढलते सूरज की धूप सिर पर पड़ रही थी, लेकिन बिल्लेसुर खयाल में ऐसे डूबे थे कि गरमी पहुँचकर भी न पहुँचती थी।

अब बकरियाँ भूखी हैं। शाम हो आई है, चराने का वक्त नहीं। लग्गा नहीं, पत्तियाँ नहीं काटीं। रात को भी भूखी रहेंगी। इस तरह कैसे निबाह होगा? बिना खाए सवेरे दूध न होगा। बच्चे भूखे रहेंगे। दुबले पड़ जाएँगे। बीमारी भी जकड़ सकती है। चोकर रखा है, लेकिन

उतनी बकरियों और बच्चों को क्या होगा ? रात को पेड़ छाँटना पड़ेगा।

सूरज डूब गया। बिल्लेसुर की आँखों में शाम की उदासी छा गई। दिशाएँ हवा के साथ साँय-साँय करने लगीं। नाला बहा जा रहा था, जैसे मौत का पैगाम हो ! लोग खेत जोतकर धीरे-धीरे लौट रहे थे, जैसे घर की दाढ़ के नीचे दबकर, पिसकर मरने के लिए ! चिड़ियाँ चहक रही थीं अपने-अपने घोंसले की डाल पर बैठी हुई, रो-रोकर साफ कह रही थीं—रात को घोंसले में जंगली बिल्ले से हमें कौन बचाएगा ? हवा चलती हुई इशारे से कह रही थी—सब कुछ इसी तरह बह जाता है।

बिल्लेसुर डंडा लिए धीरे-धीरे गाँव की ओर चले। ढाढ़स अपने-आप बँध रहा था। दूसरे काम के लिए दिल में ताकत पैदा हो रही थी। भरोसा बढ़ रहा था। गाँव के किनारे आए। महावीरजी का वह मन्दिर दिखा। अँधेरा हो गया था। सामने से मन्दिर के चबूतरे पर चढ़े। चबूतरे-चबूतरे मन्दिर की उलटी प्रदक्षिणा करके, पीछे महावीरजी के पास गए। लापरवाही से सामने खड़े हो गए और आवेग में भरकर कहने लगे, ''देख, मैं गरीब हूँ। तुझे सब लोग गरीबों का सहायक कहते हैं, मैं इसीलिए तेरे पास आता था, और कहता था, मेरी बकरियों को और बच्चों को देखे रहना। क्या तूने रखवाली की, बता, लिए थूथन-सा मुँह खड़ा है ?'' कोई उत्तर नहीं मिला। बिल्लेसुर ने आँखों से आँखें मिलाए हुए महावीरजी के मुँह पर वह डंडा दिया कि मिट्टी का मुँह गिली की तरह टूटकर बीघे-भर के फासले पर जा गिरा।

दस

बिल्लेसुर, जैसा लिख चुके हैं, दुख का मुँह देखते-देखते उसकी डरावनी सूरत को बार-बार चुनौती दे चुके थे। कभी हार नहीं खाई। आजकल शहरों में महात्मा गाँधी के बकरी का दूध पीने के कारण, दूध बकरीदी की बड़ी खपत है, इसलिए गाय के दूध से उसका भाव भी तेज है। मुमकिन, देहात में भी यह प्रचलन बढ़ा हो। पर बिल्लेसुर के समय सारा संसार बकरी के दूध से घृणा करता था। जो बहुत बीमार पड़ते थे, ज़िनके लिए गाय का दूध भी मना था, उन्हें बकरी के दूध की व्यवस्था दी जाती थी। बिल्लेसुर के गाँव में ऐसा एक भी मरीज नहीं आया। जब दूध बेचा नहीं बिका, किसी को कृपा-पात्र बनवाए रहने के लिए व्यवहार में देने पर मुँह बनाने लगा, तब बिल्लेसुर ने खोया बनाना शुरू किया। बकरी के दूध का खोया बनाने में पहले प्रकृति बाधक हुई। बकरी के दूध में पानी का हिस्सा बहुत रहता है। बड़ी लकड़ी लगानी पड़ी। बड़ी देर तक चूल्हे के किनारे बैठा रहना पड़ा। बड़ी मिहनत। पहाड़ खोदने के बाद जब चुहिया निकली—खोए का छोटा-सा गोला बना, तब मन भी छोटा पड़ गया।

भैंस के दूध के सेर-भर में पाव-भर का आधा भी नहीं होता था। धीरज बाँधकर बेचने गए—भजना हलवाई जोतपुरवाले के यहाँ। वह गट्टे काट रहा था, जल्दी में उसने देखा नहीं, तौलकर दाम दे दिए। दूसरे दिन गए तो तौलकर रख लिया।

बिल्लेसुर ने पूछा, "दाम ?"

उसने कहा, "दाम कल दे चुका हूँ। मैं समझा था, भैंस का खोया है, यह बकरी का खोया है। बकरी के खोये के आधे दाम भी बहुत हैं, मैं बकरी का खोया नहीं लेता। अब न ले आना, सारी मिठाई बरबाद हो जाती है, गाहक गाली देते हैं—न घी है, न स्वाद। जो कुछ थोड़ा-सा घी निकलता है, वह दूसरे घी में मिलाया नहीं जा सकता—कुल घी बदबू छोड़ने लगता है।"

बिल्लेसुर सिर झुकाकर चुपचाप चले आए। माल है, पर बिकता नहीं। तब तरकीब निकाली। इसमें खोया बनाने से कम मिहनत पड़ती है। कंडे की आग परचाकर हंडी में दूध रख देने लगे। अपना काम भी करते थे, दूध गर्म हो जाने पर ठंडा करके जमा देते थे, दूसरे दिन मथकर मक्खन निकाल लेते थे। मट्ठा खुद भी पीते थे, बच्चों को भी पिलाते थे। मक्खन का घी बनाकर उसमें चौथाई हिस्सा भैंस का घी खरीदकर मिला देते थे, और छटाक आध पाव सस्ते भाव में बाजार जाकर बेच आते थे। देहात में गाय, भैंस और बकरी का मिला घी भी बिकता है। जिनके यहाँ जानवरों की दोनों या तीनों किस्में हैं, वे दूध अलग-अलग नहीं जमाते। बिल्लेसुर का काम चल निकला। बकरे के मारे जाने को उन्होंने हानि-लाभ, जीवन-मरण की फिलॉसफी में शुमार कर अपने भविष्य की ओर देखा। उन्होंने निश्चय किया, बकरियों को हार में चराने न ले जाएँगे, घर में ही खिलाएँगे जब तक खेत तैयार न हो जाए और शकरकन्द की बौंड़ी न लग जाए। सवेरा होते ही बिल्लेसुर फावड़ा लेकर खेत में जुटे। रात को इतनी पत्ती काट लाए थे कि आज दिन-भर के लिए बकरियों को काफी चारा था। बकरियाँ और बच्चे उसी तरह कोठरी और दहलीज में बन्द थे। फावड़े से खेत गोड़ते देखकर गाँव के लोग मजाक करने लगे, लेकिन बिल्लेसुर बोले नहीं, काम में जुटे रहे। दुपहर होते-होते काफी जगह गोड़ डाली। देखकर छाती ठंडी हो गई। दिल को भरोसा हुआ कि छः-सात दिन में अपनी मिहनत से बकरे का घाटा पूरा कर लेंगे।

दुपहर होने पर घर आए, नहाकर लप्सी बनाकर और खाकर कुछ देर आराम किया। दुपहर अच्छी तरह ढल गई, तीसरा पहर पूरा नहीं हुआ था, उठकर फिर खेत गोड़ने चले। शाम तक खेत गोड़कर बकरियों के लिए पत्ते काटकर पहर-भर रात होते घर आए। सात दिन की जगह पाँच ही दिन में बिल्लेसुर ने खेत का वह हिस्सा गोड़ डाला। खेत से एक पाटी निकाल ली। लोग पूछते थे—क्या बोने का इरादा है बिल्लेसुर ? बिल्लेसुर कहते थे—भंग। देहात में कोई किसी को मन नहीं देता, यों कहीं भी नहीं देता। बिल्लेसुर पता लगाकर शकरकन्द की बौंड़ी ले आए। एक दिन लोगों ने देखा, बिल्लेसुर शकरकन्द लगा रहे हैं। पानी बरसने और शकरकन्द की बौंड़ी के फैलने के साथ बिल्लेसुर आलू की जैसी मेड़ों पर मिट्टी चढ़ाने लगे।

ग्यारह

जब से त्रिलोचन के बैल न लेकर बिल्लेसुर ने बकरियाँ खरीदीं तभी से इस बेचारे को जटने के लिए त्रिलोचन पेच भर रहे थे। बकरियों के बच्चों के बढ़ने के साथ गाँव में धनिकता के लिए बिल्लेसुर का नाम भी बढ़ा। लोग तरह-तरह की राय जाहिर करने लगे। क्वार का महीना। बिल्लेसुर की शकरकन्द की बेलें लहलही दिख रही थीं, लोग अन्दाजा लड़ा रहे थे कि इतने मन शकरकन्द निकलेगी। बिल्लेसुर छप्पर के नीचे बकरी के दूध में सानकर सत्तू-गुड़ खा रहे थे, त्रिलोचन आए। बकरी के बच्चे ढकने का एक झौआ औंधाया था, उस पर चढ़कर बैठने के लिए घूमे, लेकिन बिल्लेसुर को हाथ हिलाते देखकर वहीं जमीन पर बैठ गए।

"एक बड़ी बढ़िया खबर है, बिल्लेसुर।" बिल्लेसुर से मुस्कुराते हुए कहा।

उपदेशक की मुद्रा से हथेली उठाकर बिना कुछ बोले आश्वासन देते हुए, बिल्लेसुर ने समझाया, कुछ देर धीरज रखो।

त्रिलोचन ने पूछा, "भोजन करते बोलते नहीं क्या ?"

गम्भीर भाव से आँखें मूँदकर सिर हिलाते हुए बिल्लेसुर ने जवाब दिया। त्रिलोचन अपनी बातचीत का सिलसिला मन-ही-मन जोड़ते रहे।

जल्दी-जल्दी सत्तू खाकर बिल्लेसुर उठे। पनाले के पास बैठकर हाथ धोए, कुल्ले किए, अभ्यास के अनुसार जनेऊ में बँधी ताँबे की दंतखोदनी उठाकर दाँत खरिका किए, फिर कुल्ले किए, और एक डकार छोड़कर सिर झुकाए हुए कोठरी के भीतर गए। त्रिलोचन देखते रहे। बिल्लेसुर एक खटोला निकालकर बाहर ले आए। डालकर कहा, ''आओ, जरा सँभलकर बैठना, हचकना नहीं।''

त्रिलोचन उठकर खटोले पर बैठे। एक तरफ बिल्लेसुर बैठे।

त्रिलोचन ने बिल्लेसुर को देखा, फिर आश्चर्य से आँखें निकालकर कहा, ''करना चाहो तो एक बड़ा अच्छा ब्याह है।''

विवाह के नाममात्र से बिल्लेसुर की नसों में बिजली दौड़ गई। लेकिन हिन्दू-धर्म के अनुसार उसे उपयोगितावाद में लाते हुए कहा, ''अब देखते ही हो, सत्तू खाना पड़ा है। औरत होती तो मरती हुई भी रोटी सेंककर रखती।''

''यथार्थ है,'' त्रिलोचन गम्भीर होकर बोले।

बिल्लेसुर को बढ़ावा मिला, कहा, ''गाँव के चार भाइयों का मोह है, पड़ा हूँ, नहीं तो मरने के लिए दुनिया-भर में मुझे ठौर है।''

''अब यह भी तुम समझाओगे तब समझेंगे ?''

बिल्लेसुर का पौरुष जग गया। उन्होंने कहा, ''बंगाल गया था, चाहता तो एक बैठा लेता। लेकिन बाप-दादे का नाम भी तो है ! सोचा, कौन नाक कटाए ? तुम्हीं लोग कहते, बिल्लेसुर ने बाप के नाम की लुटिया डुबो दी।'' बिल्लेसुर अपनी भूमिका से एकाएक विषय पर नहीं आ सकते थे। आने के लिए बढ़कर फिर हट जाते थे।

त्रिलोचन ने कहा, ''सारा गाँव तुम्हारी तारीफ करता है। गाँव ही नहीं, ग्वेंड़ भी कि बिल्लेसुर मर्द आदमी है।''

बिल्लेसुर ने कहा, ''नाम के लिए दुनिया मरती है। इतनी मिहनत हम क्यों करते हैं ? नाम ही नहीं तो कुछ नहीं। हमारे बाप मरकर भी नहीं मरे, क्यों ? और अगर उसके पोता न रहा तो ?''

त्रिलोचन ने कहा, ''तुम्हारे जैसा समझदार लड़का जिनके है,

उनके पोता कैसे न रहेगा ?'' कहकर त्रिलोचन गम्भीर हो गए।

बिल्लेसुर ने कहा, ''माँ-बाप ही दुनिया के देवता हैं। धर्म तो रहा ही न होता अगर माँ-बाप न रहे होते।''

त्रिलोचन ने कहा, ''बेशक ! धर्म की रक्षा हर एक को करनी चाहिए। तभी तो धर्म के पीछे जान दे देने के लिए कहा है।''

''अब देखो, खेत में काम करने गए, घर आए, औरत नहीं। बिना औरत के भोजन विधि-समेत नहीं पकता। न जल्दी में नहाते बनता है, न रोटी बनाते, न खाते। धर्म कहाँ रहा ?'' बिल्लेसुर उत्तेजित होकर बोले।

''हम तो बहुत पहले समझ चुके थे, अब तुम्हीं समझो,'' कहकर त्रिलोचन ने तीसरी आँख पर मन को चढ़ाया।

बिल्लेसुर ने एक दफा त्रिलोचन को देखा, फिर सोचने लगे, 'देखो, दलाल बनकर आया है। सोचता है, दुनिया में हम ही चालाक हैं। अभी रुपए का सवाल पेश करेगा। पता नहीं, किसकी लड़की है, कौन है ! जरूर कुछ दाग होगा। अड़चन यह है कि निबाह नहीं होता। भूख लगती है, इसलिए खाना पड़ता है; पानी बरसता है, धूप होती है, लू चलती है, इसलिए मकान में रहना पड़ता है। मकान की रखवाली के लिए ब्याह करना पड़ता है। मकान का काम स्त्री ही आकर सँभालती है। लोग तरह-तरह की चीज-वस्तुओं से घर भर देते हैं। स्त्री को जेवर-गहने बनवाते हैं। यों सब झोल है—ढोल में सब पोल ही पोल तो है !' बिल्लेसुर को गुरुआइन की याद आई, गाँव के घर-घर का सूना इतिहास आँख के सामने घूम गया। अब तक वे झूठ कहते रहे। यही कारण है कि बुलबुल काँपे में फँसता है। त्रिलोचन के ज्ञान में रहने की प्रतिक्रिया बिल्लेसुर में हुई। फिर यह सोचकर कि अपना क्या बिगड़ता है—इसका मतलब मालूम कर लेना चाहिए, करुण स्वर में बोले, ''हाँ, भैया, समझदार तुमको गाँव के सभी मानते हैं।''

खुश होकर त्रिलोचन ने कहा, ''ऐसी औरत गाँव में आई नहीं—सोलह साल की, आग-भभूका।''

बिल्लेसुर को देवियों की याद आ गई थी, इसलिए विचलित होकर सँभल गए। कहा, ''तुम्हारी आँख कभी धोखा खा सकती है ? कहाँ की है ?''

"यह तो न बताएँगे, जब ब्याहने चलोगे, तभी मालूम करोगे।"

"पहले तो फलदान चढ़ेंगे, या इसकी भी जरूरत नहीं ?"

"फलदान चढ़ेंगे, लेकिन कोई पूछताछ न होगी, तिवारियों के यहाँ की लड़की है। सब काम हमारी मारफत होगा।"

"किस गाँव की है ?"

"इतना बता दिया तो क्या रह जाएगा ? यह ब्याह से पहले मालूम हो ही जाएगा। मगर एक बात है। उसके यहाँ ब्याह का खर्च नहीं। भलेमानस हैं। लड़की नहीं बेचेंगे, पर खर्च तुम्हें देना होगा।"

"कितना ?"

त्रिलोचन हिसाब लगाने लगे, खुलकर कहते हुए, "तुम्हारे यहाँ फलदान चढ़ाने आएँगे तो ठहरेंगे हमारे यहाँ। थाल में सात रुपए रखेंगे और नारियल के साथ एक थान। इसमें बीस रुपए का खर्च है। यह तुम्हें फलदान के दिन से सात रोज पहले दे देना होगा। फिर फलदान चढ़ जाने पर डेढ़ सौ रुपए विवाह के खर्च के लिए उस दिन देना पड़ेगा, सब हमारी मारफत। भले आदमी हैं, नहीं निबाह सकते। तुमसे हाथ फैलाकर लें, तो कैसे ? द्वार के चार से ब्याह, भात और बड़हार, बरतौनी तक डेढ़ सौ, दाल में नमक के बराबर भी नहीं। लेकिन तुम्हें भी तो नहीं उजाड़ सकते ? कुल में तुमसे बड़े।"

बिल्लेसुर ने कहा, "कुल में बड़े हैं तो ब्याह फलेगा नहीं। मन्नू वाजपेयी ने रुपए न होने से उतरकर ब्याह किया, लड़की बेवा हो गई। भैया, मुझे तो यही बड़ा डर है कि कहीं..."

त्रिलोचन का चेहरा उतर गया। बोले, "घबड़ाते हो नाहक। जितने बड़े हैं, सब बने हुए हैं। अस्ल में बड़े हैं नहीं। मन्नू वाजपेयी की लड़की ने अपने पति को मार डाला। कहते हैं, उसकी उम्र ज्यादा हो गई थी, मायके में ही बिगड़ गई थी, इसलिए मन्नू ने उसका ब्याह उतरकर कर दिया था। अपने यार के कहने पर उसने पति को जहर खिला दिया। वह कुछ दिन से बीमार था, दवा हो रही थी।"

"कहीं यह भी ऐसा ही मुझ पर करे ?" बिल्लेसुर शंका की दृष्टि से देखने लगे।

"कहता तो हूँ, किसी तरह का खौफ न खाओ। बिचवासी मैं हूँ। लड़की में न दाग, न कलंक, न चाल-चलन बिगड़ा, न काली-कानी-लँगड़ी-लूली।"

"जब तुम कह रहे हो तो एतबार सोलह आने है। लेकिन पता बिना जाने दस रोज पहले आए नातेदारों से क्या कहूँगा ? उनसे यह भी नहीं कहते बनता कि त्रिलोचन भैया जानते हैं। इसीलिए पता पूछता हूँ। दूसरी बात, कुंडली बिचरवा लेनी है। लड़की की कुंडली ले आओ ! मैं अपने सामने बिचरवाऊँगा। लड़की मंगली निकली तो बेमौत मरना होगा। ब्याह करना है तो आँखें खोलकर करना चाहिए।"

त्रिलोचन मन से बहुत नाराज हुए। बोले, "ऐसी बातें करते हो, जैसे बाला के हो। तुम्हारे यहाँ वे नहीं आए और कभी कोई भलामानस न आएगा। हम कहते थे कि भद्रा के जैसे मारे इधर-उधर घूमते हो, तुम्हारा घर बस जाए, लेकिन तुम आ गए अपनी असलियत पर। मान लो, तुम्हीं मंगली निकले, तो ? कौन बाप अपनी लड़की तुम्हें सौंप देगा ? रही बात नातेदारीवाली, सो हम तो इसे सोलहो आने बेवकूफी समझते हैं। बैठे-बैठाए पच्चीस रुपए का खर्च सिर पर। हम तो कहते हैं, चुपचाप चले चलो, विवाह कर लाओ। लड़की के बाप का नाम मालूम करना चाहते हो तो चले चलो, उनका घर भी देख आओ। लेकिन तुम्हारा जाना शोभित नहीं है, गाँव-भर तुम दोनों को हँसेंगे।"

बिल्लेसुर को कुछ विश्वास हुआ। लेकिन रुपए की सोचकर कटे। लड़की के रूप का मोह भी घेरे था, सैकड़ों कलियाँ चटक रही थीं, खुशबू उड़ रही थी, पर त्रिलोचन पर पूरा-पूरा विश्वास न हो रहा था। पूछा, "यहाँ से कितनी दूर है ?"

"तीन-चार कोस होगा।"

बिल्लेसुर ने सोचा, एक दिन में चलेंगे और लौट भी आएँगे। बकरियों को बड़ी तकलीफ न होगी। पत्ते काटकर डाल जाएँगे। बोले, "तो चले चलो भैया, देख लेना चाहिए। जिस दिन कहो, तैयारी कर दी जाए।"

त्रिलोचन ने मतलब गाँठकर कहा, "अच्छा, आज के चौथे दिन चलेंगे।"

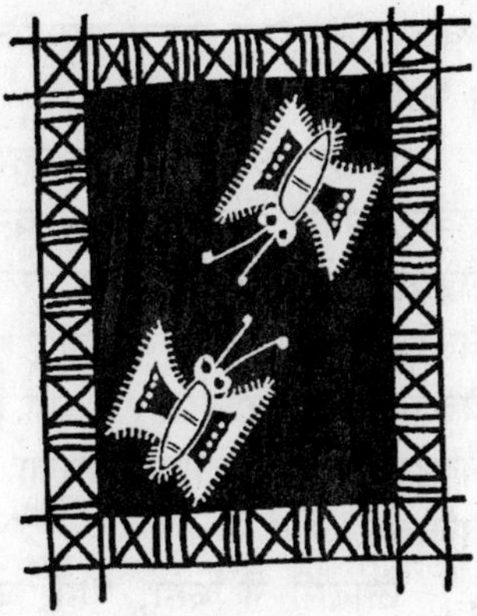

बारह

बिल्लेसुर को उस रात नींद न आई। वही रूप देखते रहे। बहुत गोरी है, सोचते रामरतन की स्त्री की याद आई। सोलह साल की है, सोचा तो रामचरन सुकुल की बिटिया की सूरत सामने आ गई। बड़ी-बड़ी आँखें होंगी, जैसे पुखराजबाई की लड़की हसीना की हैं। इस घर में आएगी तो घर में उजाला छाया रहेगा। जिस कोठरी में बच्चे रखे जाते हैं, उसमें उसका सामान रहेगा। बच्चे दहलीज में रहेंगे। एक छप्पर डाल लेंगे, सब ऋतुओं के लिए आराम रहेगा।

एक दफा भी बिल्लेसुर ने नहीं सोचा कि बकरी की लेंड़ियों की बदबू से ऐसी औरत क्या एक दिन भी उस मकान में रह सकेगी ?

सवेरे उठकर पड़ोस के गाँव में बजाज के यहाँ गए और कुर्ते का कपड़ा लिया, साफा खरीदा गुलाबी रंग का, धोती एक ली। दर्जी को कुर्ते की नाप दी। उसी दिन बना देने के लिए कहा। गाँव के चमार से जूते का जोड़ा खरीदा।

इधर यह सब कर रहे थे, उधर ताड़ रहे थे कि त्रिलोचन कहाँ है। तीसरे दिन त्रिलोचन घर से निकले। पहनावा और हाथ का डंडा

देखकर बिल्लेसुर समझ गए कि जा रहा है, बातचीत करके कल इन्हें ले जाएगा।

चलने की दिशा देखकर अपने साधारण पहनावे से दूर-दूर रहकर, पीछा किया। त्रिलोचन बाबू पुरवा के सीधे कच्ची सड़क छोड़कर मुड़े। बिल्लेसुर दूर पुरवा के किनारे खड़े होकर देखने लगे कि त्रिलोचन दूसरे गाँव के लिए पुरवा से बाहर निकलते न दिखे, तब बिल्लेसुर को विश्वास हो गया कि यहीं है। वे भी गाँव के भीतर गए। निकास पर एक आदमी मिला। बिल्लेसुर ने पूछा, "यहाँ श्यामपुर के त्रिलोचन आए हैं ?"

आदमी ने कहा, "हाँ, वहाँ रामनारायण के यहाँ बैठा है—ठग कहीं का ! दोनों एक-से। किसी का गला नाप रहे होंगे।"

बिल्लेसुर का कलेजा धक्-से हुआ। पूछा, "रामनारायण के लड़की-लड़के कुछ हैं ?"

आदमी चौंककर बिल्लेसुर को देखने लगा, "तुम कहाँ रहते हो ? तुम रामनारायण को नहीं जानते ? उस साले के लड़की-लड़के ! पूछो, ब्याह भी हुआ है ?" आदमी इतना कहकर आगे बढ़ा।

बिल्लेसुर को बड़ी कायली हुई। वे उसी तरफ मन्नी की ससुराल को चले। मन्नी की सास से मिले। भली-बुरी, सुख-दुख की बातें हुईं। बिल्लेसुर ने ढाढ़स बँधाया। कहा, खर्चा न हो तो आकर ले जाया करो। कहकर एक रुपया हाथ पर रख दिया। मन्नी अच्छी तरह हैं, कहा। उनकी लड़की की अच्छी सेवा होती है, मन्नी उसकी बड़ी देख-रेख रखते हैं। अब वह बहुत बड़ी हो गयी है।

मन्नी की सास बहुत प्रसन्न हुई। रुपया उठा लिया और पूछा, घर बसा या नहीं ?

बिल्लेसुर ने जवाब दिया कि घर माँ-बाप के बसाए बसता है।

मन्नी की सास ने कहा कि वे दस-पन्द्रह दिन में आएँगी, तब ब्याह की पक्की बातचीत करेंगी।

बिल्लेसुर पैर छूकर बिदा हुए।

तेरह

त्रिलोचन दूसरे दिन आए और कहा, "बिल्लेसुर, तैयार हो जाओ।"

बिल्लेसुर ने कहा, "मैं तो पहले से तैयार हो चुका हूँ।"

त्रिलोचन खुश होकर बोले, "तो अच्छी बात है, चलो।"

बिल्लेसुर ने कहा, "भैया, मन्नी की मौसिया सास की भतीजी की ससुराल में एक लड़की है, कल आए थे, बातचीत पक्की कर गए हैं, अब तो मुझे माफी दीजिए।"

त्रिलोचन नाराज होकर बोले, "तो वह ब्याह जरूर गैतल होगा। वैसी ही लड़की होगी। हम शर्त बदकर कह सकते हैं।"

मुस्कुराकर बिल्लेसुर ने जवाब दिया, "और तुम्हारा दूध का धोया है ? मन्नी की मौसिया सास की भतीजी की ससुराल की लड़की में दाग है, और तुम्हारी में, जिसके न बाप का पता, न माँ का, न गाँव का, न सम्बन्ध का, मखमल का झब्बा लगा है ?"

"देखो, फिर पीछे पछताओगे," त्रिलोचन बढ़कर बोले।

"पछताने का काम ही नहीं करते। बहुत समझकर चलते हैं, त्रिलोचन भैया।" बिल्लेसुर ने कड़ाई से जवाब दिया।

''अच्छा, चलकर जरा लड़की तो देख लो--तुम्हें लड़की भी दिखा देंगे।''

''अब लड़की नहीं, लड़की की आजी तक को दिखाओ तो भी मैं नहीं जाऊँगा। जब घर में, अपने नातेदारों में लड़की है तब दूसरी जगह नहीं जाना चाहिए। यह तो धर्म छोड़ना है। गृहस्थ की लड़की का रूप नहीं देखा जाता, गुण देखा जाता है। कहते हैं, रूपवती लड़की बदचलन होती है।''

''तो यह तेरे लिए सावित्री आ रही है ! देख ले, अगर गाँव के धिंगरों से पीछा छूटे।''

''यह सब हमें मालूम है। लेकिन घर का सामान लेकर भाग न जाएगी, देख लेना। जो मुसीबत पड़ेगी, झेलेगी। किसी का धर्म बिगाड़ने से नहीं बिगड़ता। गाँव में सबका हाल हमें मालूम है।''

''तू सबको दोष लगा रहा है।''

''मैं किसी को दोष नहीं लगा रहा, सच-सच कह रहा हूँ।''

''अच्छा, बता, हमें क्या दोष लगा है, नहीं तो...''

''तुम चले जाओ यहाँ से, नहीं तो मैं चौकीदार के पास जाता हूँ।''

चौकीदार के नाम से त्रिलोचन चले। करुणा-भरे क्रोध से घूम-घूमकर देखते जाते थे।

बिल्लेसुर अपना काम करने निकले।

चौदह

कातिक लगते मन्नी की सास आईं। कुछ भटकना पड़ा। पूछते-पूछते मकान मालूम कर लिया। बिल्लेसुर ने देखा, लपककर पैर छुए। मकान के भीतर ले गए। खटोला डाल दिया। उस पर एक टाट बिछाकर कहा, "अम्मा, बैठो।"

खटोले पर बैठते हुए मन्नी की सास ने कहा, "और तुम खड़े रहोगे ?"

बिल्लेसुर ने कहा, "लड़कों को खड़ा ही रहना चाहिए। आपकी बेटी हैं तो क्या ? जैसे बेटी, वैसे बेटा। मुझसे वे बड़ी ही हैं। आप तो फिर धर्म की माँ हैं। पैदा करनेवाली तो पाप की माँ कहलाती है। तुम बैठो, मैं अभी छन-भर में आया।"

बिल्लेसुर गाँव के बनिये के यहाँ गए। पाव-भर शकर ली। लौटकर बकरी के दूध में शकर मिलाकर लोटा भरकर खटोले के सिरहाने रखा। गिलास में पानी लेकर कहा, "लो अम्मा, कुल्ला कर डालो। हाथ-पैर धोने हों तो डोल में पानी रखा है, बैठे-बैठे गिलास से लेकर धो डालो," कहकर दूधवाला लोटा उठा लिया।

मन्नी की सास ने हाथ-पैर धोए। बिल्लेसुर लोटे से दूध डालने लगे, मन्नी की सास पीने लगीं। पीकर कहा, "बच्चा, मैं बकरी का दूध ही पीती हूँ। इससे बड़ा फायदा है, कुल रोगों की जड़ मर जाती है।"

शाम हो रही थी। आसमान साफ था। इमली के पेड़ पर चिड़ियाँ चहक रही थीं। बिल्लेसुर ने आसमान की ओर देखा और कहा, "अभी समय है। अम्मा, तुम बैठो। मैं अभी आता हूँ। बकरियों को देखे रहना, नहीं, भीतर से दरवाजा बन्द कर लो। आकर खोलवा लूँगा। यहाँ अम्मा, बकरियों के चोर बड़े लागन हैं।"

बिल्लेसुर बाहर निकले। मन्नी की सास ने दरवाजा बन्द कर लिया।

सीधे खेत-खेत होकर रामगुलाम काछी की बाड़ी में पहुँचे। तब तक रामगुलाम बाड़ी में थे। बिल्लेसुर ने पूछा, "क्या है ?"

रामगुलाम ने कहा, "भाँटे हैं, करेले हैं, क्या चाहिए ?"

बिल्लेसुर ने कहा, "सेर-भर भाँटे दे दो। मुलायम-मुलायम देना।"

रामगुलाम भाँटे उतारने लगा। बिल्लेसुर खड़े बैंगन के पेड़ों की हरियाली देखते रहे। एक-एक पेड़ ऐंठा खड़ा कह रहा था, 'दुनिया में हम अपना सानी नहीं रखते।' रामगुलाम ने भाँटे उतारकर, तौलकर, मालवाला पलड़ा काफी झुका दिखाते हुए बिल्लेसुर के अँगोछे में डाल दिए। बिल्लेसुर ने पहले अँगोछे में गाँठ मारी, फिर टेंट से एक पैसा निकालकर हाथ बढ़ाए खड़े हुए रामगुलाम को दिया।

रामगुलाम ने कहा, "एक और लाओ।"

बिल्लेसुर मुस्कुराकर बोले, "क्या गाँववालों से भी बाजार का भाव लोगे ?"

रामगुलाम ने कहा, "कौन रोज अँगोछा बढ़ाए रहते हो ? आज मन चला होगा या कोई नातेदार आया होगा।"

बिल्लेसुर ने कहा, "अच्छी बात है, कल ले लेना। इस वक्त नहीं है।"

बिल्लेसुर की तरकारी खाने की इच्छा होती थी तो चने भिगो देते थे, फिर तेल-मसाले में तलकर रसेदार बना लेते थे।

लौटते हुए भुरली कहार से कहा, "कल पहरभर दिन चढ़ते हमें

दो सेर सिंघाड़े दे जाना।" फिर घर आकर दरवाजा खोलवाया। दीया जलाकर बकरियों को दुहा। सवेरे की काटी पत्तियाँ डालीं और रसोई में रोटी बनाने गए। रोटी, दाल, भात, बैंगन की भाजी, आम का अचार, बकरी का गरम दूध और शकर परोसकर, पाटा डालकर, पानी रखकर सासजी से कहा, "अम्मा, चलो, भोजन कर लो।"

मन्नी की सास शरमाई हुई उठीं, हाथ-पैर धोकर चौके में जाकर प्रेम से भोजन करने लगीं। खाते-खाते पूछा, "भैंस तो तुम्हारे है नहीं, लेकिन घी भैंस का जान पड़ता है।"

बिल्लेसुर ने कहा, "गृहस्थी में भैंस का घी रखना ही पड़ता है, कोई आया-गया, अपने काम में बकरी का घी ही लाता हूँ।"

मन्नी की सास ने छककर भोजन किया, हाथ-मुँह धोकर खटोले पर बैठीं। बिल्लेसुर ने इलायची मसाले से निकालकर दी, फिर स्वयं भोजन करने गए। बहुत दिनों बाद तृप्ति से भोजन करके पड़ोस से एक चारपाई माँग लाए। डालकर, खटोले का टाट उठाकर अपनी चारपाई पर डाला और मन्नी की सास के लिए बंगाल से लाई रंगीन दरी बिछा दी, वहीं का गुरुआइन का पुरानी धोतियों को लपेटकर सीया तकिया लगा दिया। सासजी लेटीं। आँखें मूँदकर बिल्लेसुर की बकरियों की बात सोचने लगीं। जब बिल्लेसुर काछी के यहाँ गए थे, उन्होंने एक-एक बकरी को अच्छी तरह देखा था। गिनकर आश्चर्य प्रकट किया था। इतनी बकरियों और बच्चों से तीन भैंस पालने के इतना मुनाफा हो सकता है, कुछ ज्यादा ही होगा।

बिल्लेसुर धैर्य के प्रतीक थे। मन में उठने पर भी उन्होंने विवाह की बातचीत के लिए कोई इशारा भी नहीं किया। सोचा, 'आज थकी हैं, आराम कर लें, कल अपने-आप बातचीत छेड़ेंगी, नहीं तो यहाँ सिर्फ मुँह दिखाने थोड़े ही आई हैं ?'

बिल्लेसुर पड़े थे। एकाएक सुना, खटोले से सिसकियाँ आ रही हैं। साँस को रोककर पड़े सुनते रहे। सिसकियाँ धीरे-धीरे गूँजने लगीं, फिर रोने की साफ आवाज उठने लगी। बिल्लेसुर के देवता कूच कर गए कि खा-पीकर यह कारन करके रोना कैसा ? जी धक् से हुआ कि विवाह नहीं लगा, इसकी यह अग्रसूचना है। घबराकर पूछा, "क्यों अम्मा, रोती क्यों हो ?"

मन्नी की सास ने रोते हुए कहा, "न जाने किस देश में मेरी

बिटिया को ले गए ! जब से गए, एक चिट्ठी भी न दी।"

बिल्लेसुर ने समझाया, "अम्मा, रोओ नहीं। भाभी बड़े मजे में हैं। मन्नी भैया उनकी बड़ी सेवा करते हैं। मैं जहाँ गया था, मन्नी वहाँ से दूर हैं। हाल मिलते थे। लोग कहते थे, अच्छी नौकरी लग गई है। उनका सारा मन भाभी पर लगा है। अब भाभी उतनी ही बड़ी नहीं हैं। लोग कहते थे—बिल्लेसुर, अब दो-तीन साल में तुम्हारे भतीजा होगा।"

"राम करे, सुख से रहें। हमको तो धोखा दे गए बच्चे ! हमारे और कौन था ? जिस तरह दिन कटते हैं, हमारी आत्मा जानती है," कहकर मन्नी की सास ने अघाकर साँस छोड़ी।

बिल्लेसुर ने कहा, "जैसे मन्नी, वैसे मैं। तुम यहाँ रहो। खाने की यहाँ कोई तकलीफ नहीं। मुझे भी बनी-बनाई दो रोटियाँ मिल जाएँगी।"

मन्नी की सास बहुत प्रसन्न हुईं। कहा, "बच्चा, फूलो-फलो, तुम्हारा तो आसरा ही है। अब के आई हूँ तो कुछ दिन रहकर जाऊँगी। तुम्हारा काम-काज यहाँ का देख लूँ। ब्याह एक लगा है, हो गया तो उसे तुम्हारी गृहस्थी समझा दूँ।"

"इससे अच्छी बात और क्या होगी !" बिल्लेसुर पौरुष में जगकर बोले।

मन्नी की सास ने कहा, "बच्चा, अब तक नहीं कहा था, सोचा था, जब काम से छुट्टी पा जाओगे, तब कहूँगी। ब्याह एक ठीक है। लड़की तुम्हारे लायक, सयानी है। लेकिन हमारी बिटिया की तरह गोरी नहीं। भलेमानुस है। घर का काम-काज सँभाल लेगी। बताओ, राजी हो ?"

बिल्लेसुर भक्तिभाव से बोले, "आप जानें। आप राजी हैं तो मैं भी हूँ।"

मन्नी की सास प्रसन्न हुईं। कहा, "ठीक है। कर लो। उसको भी तुम्हारे साथ तकलीफ न होगी। थोड़ी-सी मदद उसकी माँ की तुम्हें करती रहनी पड़ेगी। ब्याह से पहले, बहुत नहीं, तीस रुपए दे दो ! गरीब है, कर्जदार है। फिर कुछ-कुछ देते रहना। उसके भी और कोई नहीं। मैं लड़की को तुम्हारे यहाँ ले आऊँगी। यहीं विवाह कर लो। बारात उसके यहाँ ले जाओगे तो कुल खर्चा देना पड़ेगा, इसमें ज्यादा

खर्चा बैठेगा। घर में अपने चार नातेदार बुलाकर ब्याह कर लोगे, भले-भले पार लग जाओगे।''

बिल्लेसुर को मालूम दिया, इस जबान में छल नहीं। कहा, ''हाँ, बड़ी नेक सलाह है।''

मन्नी की सास कई रोज रहीं। बिल्लेसुर को बना-बनाया खाने को मिला। तीन-चार दिन में रंग बदल गया। उन्होंने आग्रह किया कि ब्याह तक वे यहीं रहें। मन्नी की सास ने भी स्वीकार कर लिया।

गाँव में बिल्लेसुर की चर्चा ने जोर मारा। एक दिन त्रिलोचन ने मन्नी की सास को घेरा और पूछा, ''बताओ, ब्याह कहाँ रचा रही हो ?''

''अपनी नातेदारी में,'' मन्नी की सास ने कहा।

''वह कहाँ है ?'' त्रिलोचन ने पूछा।

''क्यों, क्या बिल्लेसुर तुम्हीं हो ?'' मन्नी की सास ने आँखें नचाकर पूछा, फिर कहा, ''बच्चे, मेरी निगाह साफ है, मुझे तींगुर नहीं लगता। अब तुम बताओ कि तुम बिल्लेसुर के कौन हो ?''

बल्ली नहीं लगी। त्रिलोचन बहुत कटे। कहा, ''अच्छी बात है, कौन हैं, यह ब्याह होने पर बताएँगे जब उनका पानी बन्द होगा।''

''नातेदार-रिश्तेदार जिसके साथ हैं, उसका पानी परमात्मा नहीं बन्द कर सकते। अच्छा, हमारे घर से बाहर निकलो और गाँव में पानी बन्द करो चलकर।''

त्रिलोचन खिसियाए हुए घर से बाहर निकल गए।

बड़े आनन्द से दिन कट रहे थे। बिल्लेसुर की शकरकन्द खूब बैठी थी। कई रोज उन्होंने मन्नी की सास को शकरकन्द भूनकर बकरी के दूध में खिलाया। मन्नी की सास मन्नी से जितना अप्रसन्न थीं, बिल्लेसुर से उतना ही प्रसन्न हुईं। उन्होंने बिल्लेसुर के उजड़े बाग का एक-एक पेड़, शकरकन्द के खेत की एक-एक लता देखी। उनके आ जाने से ताकने के लिए बिल्लेसुर रात को शकरकन्द के खेत में रहने लगे। दो-एक दिन जंगली सुअर लगे। दो-तीन दिन कुछ-कुछ चोर खोद ले गए। अभी बौंड़ी पीली नहीं पड़ी थी। नुकसान होता देखकर मन्नी की सास ने कुल शकरकन्द खोद लाने की सलाह दी। बिल्लेसुर ने वैसा ही किया। उन्होंने घर में ढेर लगाकर देखा, इतनी शकरकन्द हुई है कि सारा घर भर गया है। एक-एक शकरकन्द जैसे

लोढ़ा ! मन्नी की सास ने मुस्कुराते हुए कहा, "इससे तुम्हारा ब्याह भी हो जाएगा और काफी शकरकन्द भी खाने को बच रहेगी।"

शकरकन्दों को विश्वास की दृष्टि से देखते हुए बिल्लेसुर ने कहा, "अम्मा, सब तुम्हारा आसिरवाद, नहीं तो मैं किस लायक हूँ ?"

सास ने साँस छोड़कर कहा, "मेरा बच्चा जीता होता तो अब तक तुम्हारे इतना हुआ होता। खेती-किसानी करता। मैं मारी-मारी न फिरती।"

बिल्लेसुर ने उन्हें धीरज दिया, कहा, "हमीं तुम्हारे लड़के हैं। तुम कैसी भी चिन्ता न करो। मेरी जब तक साँस चलती है, मैं तुम्हारी सेवा करूँगा। जी न छोटा करो।"

सास ने आँचल से आँसू पोंछे। बिल्लेसुर दूसरे गाँव की तरफ शकरकन्दों का खरीदार लगाने चले। सोचा, बकरियों के लिए लौटकर पत्ते काटूँगा।

दूसरे दिन खरीदार आया और सत्तर रुपये की बिल्लेसुर ने शकरकन्द बेची। सारे गाँव में तहलका मच गया। लोग सिहाने लगे। अगले साल सबने शकरकन्द लगाने की ठानी।

पन्द्रह

कार्तिक की चाँदनी छिटक रही थी। गुलाबी जाड़ा पड़ रहा था। सवन-जाति की चिड़िया कहीं से उड़कर जाड़े-भर इमली की फुनगी पर बसेरा लेने लगी थीं; उनका कलरव उठ रहा था। बिल्लेसुर रात को चबूतरे की बुर्जी पर बैठे देखते थे। पहले शाम को आसमान में हिरनी-हिरन जहाँ दिखते थे, अब वहाँ नहीं हैं। बिल्लेसुर कहते थे, जब जहाँ चरने को चारा होता है, ये चले जाते हैं। शाम से ओस पड़ने लगी थी, इसलिए देर तक बाहर का बैठना बन्द होता जा रहा था। लोग जल्द-जल्द खा-पीकर लेट रहते थे। बिल्लेसुर घर आए। मन्नी की सास ने रोज की तरह रोटी तैयार कर रखी थी। इधर बिल्लेसुर कुछ दिनों से मन्नी की सास की पकाई रोटी खाते हुए चिकने हो चले थे। पैर धोकर चौके के भीतर गए। मन्नी की सास ने परोसकर थाली बढ़ा दी। सास को दिखाने के लिए बिल्लेसुर रोज अगरासन निकालते थे। भोजन करके उठते वक्त हाथ में ले लेते थे और रखकर हाथ-मुँह धोकर कुल्ले करके बकरी के बच्चे को खिला देते थे। अगरासन निकालने से पहले लोटे से पानी लेकर तीन दफे थाली के बाहर से

चुवाते हुए घुमाते थे। अगरासन निकालकर टुनकियाँ देते हुए लोटा बजाते थे और आँखें बन्द कर लेते थे। वह कृत्य आज भी किया।

जब भोजन करने लगे तब सासजी बड़ी दीनता से खीसें काढ़कर बोलीं, ''बच्चा, अब अगहन लगनेवाला है। कहो तो अब चलूँ।'' फिर खाँसकर बोलीं, ''वह काम भी तो अपना ही है।''

कौर निगलकर गम्भीर होते हुए मोटे गले से बिल्लेसुर ने कहा, ''हाँ, वह काम तो देखना ही है।''

''वही कह रही थी,'' कुछ आगे खिसककर सासजी ने कहा, ''कुछ रुपये अभी दे दो, कुछ बाद को, ब्याह के दो-तीन रोज पहले दे देना।''

रुपये के नाम से बिल्लेसुर कुनमुनाये। लेकिन बिना रुपये ब्याह न होगा, यह समझते हुए एक पंख लगाकर ब्याह पक्का करने लगे। कहा, ''अभी तो अम्मा, किसी पण्डित से बिचरवाया भी नहीं गया, न बने तो ?''

''बच्चे की बात,'' पूरे विश्वास से सिर उठाकर मन्नी की सास ने कहा, ''उसमें जब कोई दोख नहीं है तब ब्याह बनेगा कैसे नहीं ? बच्चे, वह पूरी गऊ है। और उसका ब्याह ? वह अब तक होने को रहता ? रामखेलावन आए, परदेश से, उलटे पाँव लौट जाना चाहते थे, हाथ जोड़ने लगे—चाची, ब्याह करा दो, जितना रुपया कहो, देंगे। अच्छा भाई, लड़की की अम्मा को मनाकर कुण्डली लेकर बिचरवाने गए, फट से बन गया। लड़की की अम्मा को तीन सौ नगद दे रहे थे। पर सिस्टा की बात, लड़की की अम्मा ने कहा—मेरी बिटिया को परदेश ले जाएँगे, फिर कभी इधर झाँकेंगे नहीं; बीमारी-अरामी बूँदभर पानी को तरसूँगी, रुपये लेकर मैं क्या करूँगी ? बना-बनाया ब्याह उखड़ गया। फिर चुकन्दरपुर के जमींदार रामनेवाज आये। उनसे भी ब्याह बन गया। जब फलदान चढ़ने का दिन आया तब लड़की की अम्मा को उनके गाँव के किसी पट्टीदार ने भड़काया कि रामनेवाज अपने बाप का है ही नहीं। बस ब्याह रुक गया। कितने ब्याह आये, सब बन गये लेकिन कोई न हो पाया।''

बिल्लेसुर को निश्चय हो गया कि लड़की के खून में कोई खराबी नहीं। उन्होंने सन्तोष की साँस छोड़ी। मन्नी की सास का भावावेश तब तक मन्द न पड़ा था, बंगालिन की तरह चटककर

बोलीं, "अब तुमसे कहती हूँ, हमारे अपने हो, सैकड़ों सच्ची-झूठी बातें न गढ़ती तो वह राँड तुम्हारे लिए राजी न होती।"

बिगड़कर बिल्लेसुर बोले, "तुम तो कहती थीं, बड़ी भलेमानुस है ?"

"कहने के लिए, बच्चा ए, भलेमानुस सबको कहते हैं, लेकिन कैसा भी भलामानुस हो, अपनी चित कौड़ी को पट होते देखता है ? फिर वह दस बिस्वेवाली तुम्हारे यहाँ कैसे लड़की ब्याह देती ? उसको समझाया कि दुरगादास के सुकूल हैं, परदेश कमा के आये हैं, कहो कि एक साथ गिन दें तो ऐसा न होगा, धीरे-धीरे देंगे। आखिर कहाँ जाती, मान गयी। तुमसे इसीलिए कहा, तीस रुपये ब्याह से पहले दो, फिर धीरे-धीरे मदद करते रहो।" सासजी टकटकी बाँधे बिल्लेसुर को देखती रहीं।

इतने कम पर राजी न होना मूर्खता है, समझकर बिल्लेसुर ने कहा, "अच्छा, कल कुण्डली और एक रुपया लेकर चलो, तीन-चार दिन में मैं पण्डित से आकर पूछूँगा कि कैसा बनता है।"

"एक दफे नहीं, बच्चा, दस दफे। लेकिन जब आना तब पन्द्रह रुपये लेते आना कम-से-कम।"

गम्भीर होकर बिल्लेसुर उठे और हाथ-मुँह धोने लगे। मन को समझाती हुई सासजी भोजन करने बैठीं। भोजन के बाद दोनों लेटे और अपनी-अपनी गुत्थी सुलझाते रहे। किसी ने किसी से बातचीत न की। फिर वे सो गए।

पौ फटने से पहले जब आकाश में तारे थे, मन्नी की सास जगीं और बिल्लेसुर को जगाने के इरादे से ऊँचे स्वर से राम-राम जपने लगीं।

बिल्लेसुर उठकर बैठे और आँखें मलकर, स्नेह सूचित करते हुए पूछा, "अम्मा, क्या सबेरे-सबेरे निकल जाने का इरादा है ?"

मन्नी की सास ने आँखों में आँसू भरे। कहा, "बच्चा, अब देर करना ठीक नहीं। पिछले पहर चलूँगी तो रात होगी, काम न होगा।"

बिल्लेसुर ने अँधेरे में टटोलकर सन्दूक में रखी कुण्डली निकाली और सासजी को देते हुए कहा, "देखिएगा, कहीं खो न जाए।"

"नहीं, बच्चा, खो क्या जाएगी ?" कहकर सासजी ने आग्रह से कुण्डली ली।

बिल्लेसुर ने टेंट से एक रुपया निकाला, सासजी के हाथ में रखकर पैर छुए, कहा, ''यह तुम्हें कुछ दे नहीं रहा हूँ।''

''क्या मैं कुछ कहती हूँ, बच्चा ?'' असन्तोष को दबाकर मन्नी की सास घर के बाहर निकलीं। रास्ते पर आकर एक साँस छोड़ीं और अपने गाँव का रास्ता पकड़ा। अब तक सवेरा हो चुका था।

सोलह

बिल्लेसुर ने इधर बड़ा काम किया। शकरकन्दवाले खेत में मटर बो दिए। उधरवाले में चने बो चुके थे, जो अब तक बढ़ आये थे।

काम करते हुए रह-रहकर बिल्लेसुर को सास की याद आती रही। विवाह की बेल जैसे कलियाँ लेने लगी। काम करते-करते दुचित्ते होने लगे, साँस रुक-रुक जाने लगी, रोएँ खड़े होने लगे।

आखिर चलने का दिन आया। बिल्लेसुर दूध दुहकर, एक हण्डी में मुस्का बाँधकर, दूध लेकर चलने के लिए तैयार हुए। रात के काटे पत्ते रखे थे, बकरियों के आगे डाल दिए।

फिर पानी भरकर घर में स्नान किया। थोड़ी देर पूजा की। रोज पूजा करते रहे हों, यह बात नहीं। पूजा करते समय दरपन कई बार देखा—आँखें और भौंहें चढ़ाकर-उतारकर, गाल फुलाकर-पिचकाकर, होंठ फैलाकर-चढ़ाकर। चन्दन लगाकर एक दफा फिर मुँह देखा। आँखें निकालकर देर तक देखते रहे कि चेचक के दाग कितने साफ दिखते हैं। फिर कुछ देर तक अशुद्ध गायत्री का जप करते रहे—मन में यह निश्चय लिए हुए कि काम पूरा हो जाएगा। फिर

पुजापा समेटकर भीतर के एक ताक पर रखकर बासी रोटियाँ निकालीं। भोजन करके हाथ-मुँह धोया, कपड़े पहनने लगे। मोजे के नीचे तक उतारकर धोती पहनी, फिर कुर्ता पहनकर चारपाई पर बैठे, साफा बाँधने लगे। बाँधकर एक दफे फिर उसी तरह दरपन देखा और तरह-तरह की मुद्राएँ बनाते रहे। फिर जेब में छोटा-सा दरपन और गले में मैला अँगोछा और धुस्सा डालकर लाठी उठाई। जूते पहले के तेलवाए रखे थे, पहन लिए। दरवाजे से निकलकर मकान में ताला लगाया और दोनों नथनों में कौन चल रहा है, दबाकर देखकर, उसी जगह दायाँ पैर तीन दफे दे-दे मारा और दूधवाली हण्डी उठाकर निगाह नीची किये गम्भीरता से चले।

थोड़ी दूर पर भरा घड़ा मिला। बिल्लेसुर खुश हो गए। घड़ेवाली सगुन को सोचकर मुस्कुराई, कहा, ''मेरी मिठाई कब ले आते हो ?''

काम निकलने के बादवाले आशय से सिर हिलाकर आश्वासन देते हुए बिल्लेसुर आगे बढ़े।

नाला मिला। किनारे रियें और बबूल के पेड़। खुश्की पकड़े चले जा रहे थे। बनियों के ताल के किनारे से गुजरे। देखकर कुछ बगुले इस किनारे से उस किनारे उड़ गये। बिल्लेसुर बढ़ते गये। शमशेरगंज का बैरहना मिला। एक जगह कुछ खजूर और ताड़ के पेड़ दिखे। सामने खेत, हरियाली लहराती हुई। ओस पर सूरज की किरणें पड़ रही थीं। आँखों पर तरह-तरह का रंग चढ़-उतर रहा था। दिल में गुदगुदी पैदा हो रही थी। पैर तेज उठ रहे थे। मालूम भी न हुआ कि हाथ में दूध से भरी भारी हण्डी है।

आम और महुए की कतारें कच्ची सड़क के किनारे पड़ीं। जाड़े की सुहावनी सुनहली धूप छनकर आ रही थी। सारी दुनिया सोने की मालूम दी। गरीबीवाला रंग उड़ गया। छोटे-बड़े हर पेड़ पर पड़ा मौसम का असर उनमें भी आ गया। अनुकूल हवा से तने पाल की तरह अपने लक्ष्य पर चलते गए। इस व्यवसाय में उन्हें फायदा-ही-फायदा है, निश्चय बँधा रहा है। चारों ओर हरियाली। जितनी दूर निगाह जाती थी, हवा से लहराती हरी तरंगें ही दिखती थीं, उनके साथ दिल मिल जाता और उन्हीं की तरह लहराने लगता था।

आशा की सफलता-जैसे, खेत और बगीचे के भीतर से गाँव की दीवारें दिखने लगीं। बिल्लेसुर उतावली से बढ़ते गये। गलियारे-गलियारे

गाँव के भीतर पहुँचे। कुएँ की जगत के किनारे नहाने के लिए बनी पक्की चौकी पर बैठे एक वृद्ध सूर्य की ओर मुँह किए काँपते हुए माला जप रहे थे। कुछ आगे बढ़ने पर बढ़इयों का मकान मिला। गाड़ी के पहिए बनने की ठक-ठक दूर तक गूँज रही थी। कुछ आगे दर्जी की दुकान मिली। वहाँ बहुत-से लोग इकट्ठे दिखे। तरह-तरह के रंगीन कपड़े सिलने को आए फैले हुए। दर्जी सिर गड़ाए तत्परता से मशीन चलाता हुआ। एक लड़का चौपाल की दूसरी तरफ बैठा भरी रजाई में टाँके लगाता हुआ। दो आदमी नए कपड़े काटते और मशीन पर चढ़ाने के लिए टाँकते हुए। लोग गौर से रंगों की बहार देखते लाठी के सहारे खड़े गप लड़ाते तम्बाकू थूकते हुए। बिल्लेसुर तद्गतेन मनसा सासजी के मकान की ओर बढ़े चले गये। एक कोलिया के भीतर सासजी का अधगिरा मकान था। दरवाजे खुले थे। आवाज देते हुए भीतर चले गए। सासजी इन्तजार कर रही थीं। देखकर मुस्कुराती हुई उठीं। नजर हण्डी पर थी। बिल्लेसुर ने गर्व से हण्डी रख दी और सासजी के पैर छुए। सासजी ने कुशल पूछी, जैसे एक मुद्दत के बाद मुलाकात हुई हो ! फिर बिछी चारपाई पर ले चलकर बैठाला और गौर से बिल्लेसुर की ब्याहवाली उतावली की आँख देखती रहीं।

कुछ देर तक बिल्लेसुर बैठे गम्भीर होते रहे, फिर आवाज में भारीपन लाकर भले गृहस्थ की तरह पूछा, ''ब्याह बिचरवा तो लिया गया होगा ?''

सासजी के समन्दर पर जैसे तूफान आ गया। उद्वेल होकर तारीफ करने लगीं—किसी तरह पण्डित के यहाँ गयीं, पण्डित ने बिचारा—आँखें चढ़ाकर कहा, 'साक्षात् लक्ष्मी है, घर पर पैर रखते ही घर भर देगी'—विवाह बहुत बनता है, लड़की वैश्य वर्ण है और देवगण—बिल्लेसुर से कोई बैर नहीं पड़ता। साथ ही यह भी कहा कि कुल में ऊँचे हैं, इसलिए बिल्लेसुर यहाँ अपने को छंगे के नहीं तो दुर्गादासवाले जरूर कहें, नहीं तो उनकी तौहीन होगी।

बिल्लेसुर की बाछें खिल गयीं। विनम्र भाव से कहा, ''माँ-बाप का कहना सभी मानते हैं। जैसी आज्ञा होगी, कहने में मुझे एतराज न होगा।''

सासजी ने तृप्ति की साँस छोड़ी। फिर बिल्लेसुर के पास एक पण्डित बुला लाईं। पण्डित ने शीघ्रबोध के अनुसार बनते हुए ब्याह

की प्रशंसा की। बिल्लेसुर श्रद्धापूर्वक मान गए। अगली लगन में ब्याह होना निश्चित हो गया और सासजी की आज्ञा के अनुसार उन्हीं के यहाँ से ब्याह होने की बात तय रही। शाम को एक लड़की ले आई गई और दीये के उजाले में बिल्लेसुर ने उसे देखा। उन्हें विश्वास हो गया कि कहीं कोई कलंक नहीं। हाथ-पैर के अलावा उन्होंने उसका मुँह नहीं देखा। उसकी अम्मा से देर तक बातचीत करते रहे। उन्हें ढाढ़स देकर गाँव की राह ली। रुपये मन्नी की सास को दे आए।

सत्रह

बिल्लेसुर गाँव आये, जैसे कोई किला तोड़ लिया हो ! गरदन उठाए घूमने लगे। पहले लोगों ने सोचा, शकरकन्दवाली मोटाई है, बाद को राज खुला। त्रिलोचन दाँत-काटी रोटीवाले मित्र से मिले, वहाँ मालूम हुआ कि वह वही लड़की है जिससे वह गाँठ जोड़ना चाहते थे। गाँव के रँडुओं और बिल्लेसुर से ज्यादा उम्रवाले क्वाँरों पर ब्याह का जैसा पाला पड़ा। त्रिलोचन ने बिल्लेसुर के खिलाफ जली-कटी सुनाते हुए गरमी पहुँचाई, कहा, "ब्राह्मण है ! बाप का पता नहीं। किसी भलेमानुस को पानी पिलाने लायक न रहेगा।" लोगों को दिलजमई हुई।

गाँव के बाजदार डोम और परजा बिल्लेसुर को आ-आकर घेरने लगे, खुशामद की चार बातें सुनाते हुए कि घर की सूरत बदली, चिराग रौशन हुआ, सालभर में बाप-दादे का नाम भी जग जाएगा। पहले सूने दरवाजे से साँस लेकर निकल जाते थे, अब अड़े रहेंगे, कुछ लेकर टलेंगे। बिल्लेसुर को ऐसी गुदगुदी होती थी कि झुर्रियों में मुस्कुरा देते थे। सोचते थे, परजे नाक के बाल बन गए। पतले हाल

की परवा न कर चढ़कर ब्याह करने की ठानी, लोग-हँसाई से डरे। परजे ऐसा मौका छोड़कर कहाँ जाएँगे ! सोचा, इन्हें कुछ लिया-दिया न गया तो रास्ता चलना दूभर कर देंगे, बाप-दादों से बँधी मेड़ कट जाएगी। भरोसा हुआ कि ब्याह का खर्च निबाह लेंगे।

नाई रोज तेल लगाने और बाल बनाने की पूछने लगा। कहार एक रोज अपने-आप आकर दो घड़े पानी भर गया। बेहना बत्ती बनाने के लिए रुई की चार पिंडियाँ दे गया। चमार आकर पूछ गया, ब्याह के जोड़े नरी के बनाए या मामूली। चौकीदार पासी रोज आधी रात को हाँक लगाता हुआ समझा जाने लगा कि पूरी रखवाली कर रहा है। गंगावासी एक दिन दो जोड़े जनेऊ दे गया। एक दिन भट्टजी आए और सीता स्वयंवर के कुछ कवित्त और भूषण की अमृत ध्वनि सुना गए। गर्ज यह कि इस समय कोई नहीं चूका।

बिल्लेसुर का पासा पड़ा। जमींदार ने उनकी देहली पर पैर रखा। सारा गाँव टूट पड़ा। जमींदार गए थे, ब्याह हो रहा है, कम-से-कम दो रुपये बिल्लेसुर नजर देंगे, फिर मदद के लिए पूछेंगे, कुछ इस तरह वसूल हो जाएगा–जैसे कानपुर से आटा-शकर मँगवाएँगे तो बैलगाड़ी के किराए के अलावा कुछ काट-कपट करा ही ली जा सकेगी। त्रिलोचन भी जमींदार के साथ थे, सोचा था– उनके पीछे पूरी ताकत खर्च कर देंगे, कुछ हाथ लग ही जाएगा। त्रिलोचन को देखकर बिल्लेसुर ने निगाह बदली। जब भी त्रिलोचन तथा दूसरों ने जमींदार के समन्दर पर बरसने के लिए बिल्लेसुर को बहुत समझाया–'रिक्तपार्णिन पश्येत राजनं देवतां गुरुम्', फिर भी बिल्लेसुर अपनी जगह से हिले नहीं–जमींदार के सम्मान में, बैठे दाँतों में तिनके-सा लिए रहे। कुछ देर बाद जमींदार मन मारकर उठ गए, त्रिलोचन पीछे लगे रहे। आगे बढ़कर अच्छी तरह कान भर दिए कि हुक्म-भर की देर है।

गाँव में दूसरे दिन से बिल्लेसुर की इज्जत चौगुनी हो गई। जमींदार के घर जाने का मतलब लोगों ने लगाया, बिल्लेसुर के हाथ कारूँ का खजाना लगा है। तरह-तरह की मनगढ़न्तें फैलीं।

किसी ने कहा–'सोने की ईंटें उठा लाया है, किसी से बतलाता नहीं, छिपा जोगी है। दो साल में देखो, गाँव खरीदेगा।'

किसी ने कहा–'महाराज के यहाँ से जवाहरात चुरा लाया है,

लेकिन घर में नहीं रखे, बाहर कहीं घूरे में या पेड़ तले गाड़ दिए हैं ताकि चोरों के हाथ न लगें।'

ऐसी बातचीत जितनी बढ़ी, बिल्लेसुर के सामने लोगों की आँख उतनी ही झुकती गई। दूसरे गाँव के लोग भी दरवाजे से निकलते हुए बिल्लेसुर को पूछने लगे।

एक दिन नाई को बुलाकर बिल्लेसुर ने कहा, "मन्नी की ससुराल गोवर्द्धनपुर जाओ और कह आओ, ब्याह बरात ले जाकर करेंगे। लड़की को मन्नी की सास बुला लें। उन्हीं के घर में खम गड़ेगा। बाकी यहाँ आकर समझ जाएँ।"

नाई कह आया। फिर नातेदारों के यहाँ न्योता पहुँचाने चला—एक गाँठ हल्दी, एक सुपारी और तेल-मायन-ब्याह के दिन जबानी। जितने मान्य थे, दोनों जगहों की बिदाई की सोचकर मडलाने लगे।

बिल्लेसुर के बड़प्पन की बात के पर बढ़ चुके थे। वे अवसर नहीं चूके। दूसरे गाँव में गाड़ी माँगी। व्यवहार रखे रहने के लिए मालिक ने गाड़ी दे दी। बिल्लेसुर चक्की से गेहूँ पिसा लाए। गाँव की निठल्ली बेवाओं से दाल दरा ली। मलखान तेली को कानपुर से शक्कर ले आने के लिए कहा। बाकी कपड़ा और सामान गाँव के जुलाहे, काछी, तेली, तम्बोली, डोम और चमारों से तैयार करा लिया। घर के लिए चिन्ता थी कि बकरियों में नातेदारों की गुजर न होगी, वह भी दूर हो गई। सामने रहनेवाली चौधरी की बेवा ने एक कोठरी अपने लिए रखकर बाकी घर छोड़ देने का पूरी उत्सुकता से वचन दिया—बिल्लेसुर की खुली किस्मत से उन्होंने भी शिरकत की।

नातेदार आने लगे, कुल-के-कुल बिल्लेसुर के पिता के मान्य यानी रुपये लेनेवाले। चौधरी के मकान में डेरा डलवाया गया तो चौकन्ने हुए। बकरियों का हाल मालूम कर खिंचे, फिर अलग रहने के कारण से खुश होकर बाहर-ही-बाहर बरतौनी और काट जाने की सोचकर बाजी-सी मार बैठे।

अपने लिए ब्याह के कुछ गहने—कण्ठा, मोहनमाला, बजुल्ला, पहुँची, अँगूठी बिल्लेसुर मँगनी माँग लाए। मुरली महाजन को देने में कोई एतराज नहीं हुआ। वह भी बिल्लेसुर का माहात्म्य सुन चुका था। चढ़ाव का कुल जेवर बिल्लेसुर ने चोरों से खरीदा रुपये में नकद दो

आने कीमत चुकाकर। फिर साफ कराकर पटवे से गुहा लिए; कड़े-छड़े पायजेबें रहने दीं।

तेल के दिन डोमों के विकट वाद्य से गाँव गूँज उठा। बिल्लेसुर के अदृश्य वैभव का सब पर प्रभाव पड़ा। पड़ोस के जमींदार ठाकुर तहसील से लौटते हुए दरवाजे से निकले। बिल्लेसुर को देखकर प्रणाम किया। कारूँ के खजाने की सोचकर कहा, ''लोगों की आँख देखकर हम कुल भेद मालूम कर लेते हैं। ब्याह करने जा रहे हो, हमारा घोड़ा चाहो तो ले जाओ।''

बिल्लेसुर ने राज दबाकर कहा, ''हम गरीब ब्राह्मण, ब्राह्मण की तरह जाएँगे। आप हमारे राजा हैं, सब कुछ दे सकते हैं।''

ठाकुर साहब यह सोचकर मुस्कुराए कि खुलना नहीं चाहता, फिर प्रणाम कर बिदा हुए।

मातृ-पूजन के दूसरे दिन बरात चली। कुआँ पूजा गया। दूध बिल्लेसुर की एक चाची ने पिलाया। पैर लटकाए देर तक कुएँ की जगत पर अड़ी बैठी रहीं। पूछने पर कहा, ''हम सोने की ईंट लेंगे।''

बिल्लेसुर समझकर मुस्कुराए।

गाँववाले ने कहा, ''बुरा नहीं कहा, आखिर और किस दिन के लिए जोड़कर रखी गयी है ?''

बिल्लेसुर ने कहा, ''चाची, यहाँ तो निहत्था हूँ। पैर निकालो, लौटकर तुम्हें ईंट ही दूँगा।''

चाची खुश हो गयीं। गाँववालों के मुँह पर हवाइयाँ उड़ने लगीं। उन्हें पूरा विश्वास हो गया कि बिल्लेसुर के पास सोने की पचासों ईंटें हैं।

बरात निकली। अगवानी, द्वारचार, ब्याह, भात, छोटा-बड़ा आहार, बरतौनी, चतुर्थी—कुल अनुष्ठान पूरे किये गये। वहाँ इन्हीं का इन्तजाम था। मान्य कुल मिलाकर पाँच। बाकी कहार, बाजदार, भैयाचार। चार दिन के बाद दुलहन लेकर बिल्लेसुर घर लौटे। फिर अपने धनी होने का राज जीते-जी न खुलने दिया।

कहानियाँ

ज्योतिर्मयी

"मानती रहें, चूँकि आप ही लोगों ने, आप ही के बनाए हुए शास्त्रों ने, जो हमारे प्रतिकूल हैं, हमें जबरन गुलाम बना रखा है, कोई चारा भी तो नहीं—कैसी बात है !" कमल की पँखुड़ियों-सी उज्ज्वल बड़ी-बड़ी आँखों से देखती हुई, एक सत्रह साल की, रूप की चन्द्रिका, भरी हुई युवती ने कहा।

"नहीं, पतिव्रता पत्नी तमाम जीवन तपस्या करने के पश्चात् परलोक में अपने पति से मिलती है।" सहज स्वर से कहकर युवक निरीक्षक की दृष्टि से युवती को देखने लगा।

युवती मुस्कुराई—तमाम चेहरे पर सुर्खी दौड़ गई। सुकुमार गुलाब के दलों-से लाल-लाल होंठ जरा बढ़े, मर्मरोज्ज्वल मुख पर प्रसन्न-कौतुकपूर्ण एक ज्योतिश्चक्र खोलकर यथास्थान आ गए।

"वाक्य की दरिद्रता !" युवती मुस्कुराती हुई बोली, "अच्छा, बतलाइए तो, यदि पहले ब्याही स्त्री इसी तरह स्वर्ग में अपने पूज्यपाद पति-देवता की प्रतीक्षा करती हो और पतिदेव क्रमशः दूसरी, तीसरी, चौथी पत्नियों को मार-मारकर प्रतीक्षार्थ स्वर्ग भेजते रहें, तो खुद

मरकर किसके पास पहुँचेंगे ?" युवती खिलखिला दी।

युवक का चेहरा उतर गया।

"आपने इस साल एम.ए. पास किया है, और अँगरेजी में। वहाँ पतिव्रता स्त्रियों की शायद पत्नी-व्रत पुरुषों से ज्यादा जीवनियाँ आपने याद कीं !" युवती ने वार किया।

युवक बड़े भाई की ससुराल गया था। युवती उसी की विधवा छोटी साली है।

"आपने कहाँ तक पढ़ा है ?" युवक ने जानना चाहा।

"सिर्फ हिन्दी और थोड़ी-सी संस्कृत जानती हूँ।" डिब्बे को नजदीक लेकर युवती पान लगाने लगी।

"मैं इतना ही कहता हूँ, आपके विचार समाज में तिनके के लिए आग हैं।" ताज्जुब की निगाह देखते हुए युवक ने कहा।

"लेकिन मेरे भी हृदय के मोम के पुतले को गलाकर बहा देने, मुझसे जुदा कर देने के लिए समाज आग है, साथ-साथ यह भी कहिए।" उँगली चूनादानी में, बड़ी-बड़ी आँखों की तेज निगाह युवक की तरफ फेरकर युवती ने कहा, "मैं बारह साल की थी, ससुराल नहीं गई, जानती भी नहीं, पति कैसे थे और विधवा हो गई !" कई बूँद आँसू कपोलों से बहकर युवती की जाँघ पर गिरे। आँचल से आँखें पोंछ लीं, पान लगाने लगी।

"तम्बाकू खाते हैं आप ?" युवती ने पूछा।

"नहीं।" युवक के दिल में सन्नाटा था। इतनी बड़ी, इतने आश्चर्य की, इतनी खतरनाक बात आज तक किसी विधवा युवती की जबान से उसने नहीं सुनी। वह जानता था, यह सब अखबारों का आन्दोलन है। इस तरह की कल्पना भी उसने कभी नहीं की। कारण, वह कान्यकुब्जों के एक श्रेष्ठ कुल में पैदा हुआ था। युवती की बातों से घबरा गया।

"लीजिए।" युवती ने कई बीड़े दिए।

"आप बुरा मत मानिएगा, मैं आपको देख रही थी कि आप कितने दर्दमन्द हैं !" युवती ने साधारण आवाज में कहा।

युवक ने पान ले लिए, पर लिए ही बैठा रहा।

"खाइए," युवती ने कहा, "आपसे एक बात पूछूँ ?"

"पूछिए।"

"अगर आपसे कोई विधवा-विवाह करने के लिए कहे ?" युवती मुस्कुराई।

"मैं नहीं जानता, यह तो पिताजी के हाथ की बात है।" युवक झेंप गया।

"अगर पिताजी की जगह आप ही अपने मुख्तार आप होते ?"

संकुचित होकर, फिर हिम्मत बाँधकर युवक ने कहा, "मुझे विधवा-विवाह करते हुए लाज लगती है।"

युवती मनोभावों को दबाकर छलछलाई आँखों चुप रही। एक बार उसी तरह युवक को देखा, फिर मस्तक झुका लिया।

दूसरे दिन युवक घर चलने लगा। मकान की जेठी स्त्रियों के पैर छुए। इधर-उधर आँखें युवती की तलाश करती रहीं। वह न मिली। युवक दोमंजिले से नीचे उतरा। देखा, दरवाजे के पास खड़ी वह उसी की राह देख रही है। युवक ने कहा, "आज्ञा दीजिए, अब जा रहा हूँ।"

हाथ जोड़कर युवती ने प्रणाम किया। एक पत्र युवक को देकर कहा, "जल्द दर्शन दीजिएगा।"

युवक के हृदय में एक अज्ञात प्रसन्नता की लहर उठी। उसने देखा, नील पलकों के पंखों से युवती की आँखें अप्सराओं-सी आकाश की ओर उड़ जाना चाहती हैं, जहाँ स्नेह के कल्प-वसन्त में मदन और रति नित्य मिलते हैं, जहाँ किसी भी प्रकार की निष्ठुर शृंखला नवोन्मेष को झुका नहीं सकती, जहाँ प्रेम ही आँखों में मनोहर चित्र, कंठ में मधुर संगीत, हृदय में सत्यनिष्ठ भावना और रूप में खूबसूरत आग है।

युवक ने स्नेह के मधुर कंठ से, सहानुभूति की ध्वनि में कहा, "ज्योति !"

युवती निस्संकोच कुछ कदम आगे बढ़ गई। युवक के बिलकुल नजदीक, एक तरह सटकर, खड़ी हो गई। सिर युवक की ठोढ़ी के पास, आँखें आँखों में मिली हुईं। वस्त्र के स्पर्श से शिराओं में एक ऐसी तरंग बह चली, जिसका अनुभव आज तक उनमें से किसी को न हुआ था। अंगों से आनन्द के परमाणु निकलते रहे। आँखों में नशा छा गया।

"फिर कहूँगा।" युवक लजाकर चल दिया।

"याद रखिएगा—आपसे इतनी ही कर-बद्ध प्रार्थना..."

युवक दृष्टि से ओझल हो गया।

"पिघलकर पत्थर भी उस पत्र को पढ़ने पर बह जाता है वीरेन !" विजय ने सहानुभूति के शब्दों में वीरेन्द्र से कहा।

"दिल के तुम इतने कमजोर हो। नष्ट होते हुए एक समाजक्लिष्ट जीवन का उद्धार तुम नहीं कर सकते विजय ? तुम्हारी शिक्षा क्या तुम्हें पुरानी राह का सीधा-साधा एक लद्दू बैल करने के लिए हुई है ?" वीरेन्द्र ने नित्य भर्त्सना के शब्दों में कहा।

"पिताजी से कुछ बस नहीं वीरेन, उनके प्रतिकूल कोई आचरण मैं न कर सकूँगा। पर आजीवन-आजीवन मैं सोचूँगा कि दुर्बल समाज की सरिता से एक बहते हुए निष्पाप पुष्प का मैं उद्धार नहीं कर सका, खास तौर से इसलिए कि मुझे उसने तैरना नहीं सिखलाया।"

"तुम्हें एक दूसरी सामाजिक शिक्षा से तैरना मालूम हो चुका है।"

"हाँ, हो चुका है, पर केवल तैरते रहना, फिर किनारे पर लगना नहीं; सब घाट हमारे समाज द्वारा अधिकृत हैं, और केवल तैरते रहना मनुष्य के लिए असम्भव है।"

"तुम कूल पर आ सकते हो।"

"पर उस फूल को लेकर नहीं, तब समाज के किसी भी घाट पर नहीं जा सकता, और केवल कूल इतना बीहड़ है कि मेरे थके हुए पैर वहाँ जम नहीं सकते, वहाँ दृष्टियों का ताप इतना प्रखर है कि वह फूल मुरझा जाएगा, मैं भी झुलस जाऊँगा।"

"तो सारांश यह कि तुम उस पावन मूर्ति अबला का, जिसने तुम्हें बढ़कर प्यार किया—मित्र समझकर गुप्त हृदय की व्यथा प्रकट कर दी, उस देवी का समाज के पंक से उद्धार नहीं कर सकते ?"

"देखो, मेरा हृदय अवश्य उसने छीन लिया है, पर शरीर पिताजी का है, वीरेन, मैं यहाँ दुर्बल हूँ।"

"कैसी वाहियात बात ! कितनी बड़ी आत्मप्रवंचना है यह ! विजय, हृदय शरीर से अलग भी है ? जिसने तुम पर क्षण-मात्र में

विजय प्राप्त कर ली, उसने तुम्हारे शरीर को भी जीत लिया है। अब उसका तिरस्कार परोक्ष अपना ही है। समाज का धर्म तो उसके लिए भी था—क्या फूटे हुए बरतन की तरह वह भी समाज में एक तरफ निकालकर न रख दी जाती ? क्या उसने यह सब नहीं सोच लिया ?''

''उसमें और-और तरह की भावनाएँ होंगी।''

''और-और तरह की भावनाएँ उसमें होतीं, तो वह तुम्हारे भाई के ससुरालवालों के सगर्व मुखों पर अच्छी तरह स्याही पोतकर अब तक कहीं चली गई होती, समझे ? वह समझदार है। और, तुम्हारे सामने जो इतना खुली है, इसका कारण काम नहीं, यथार्थ ही तुम्हें उसने प्यार किया है। अच्छा, उसका पता तो बताओ।''

वीरेन्द्र ने नोट-बुक निकालकर पता लिख लिया। फिर विजय से कहा, ''तुम मेरे मित्र हो, वह मेरे मित्र की प्रेयसी है !''

दोनों एक-दूसरे को देखकर हँसने लगे।

इस घटना को कई महीने बीत चुके। अब भाई की ससुराल जाने की कल्पना-मात्र से विजय का कलेजा काँप उठता, संकोच की सर्दी तमाम अंगों को जकड़ लेती, संकल्प से उसे निरस्त हो जाना पड़ता है। उसकी यह हालत देख-देखकर वीरेन्द्र मन-ही-मन पश्चात्ताप करता, पर तब से फिर किसी प्रकार की इच्छा-दबाव उस पर उसने नहीं डाला। विजय इलाहाबाद यूनिवर्सिटी में रिसर्च-स्कॉलर है। वीरेन्द्र बी.ए. पास कर लेने के पश्चात् वहीं अपना कारोबार देखने में रहता है। वह इटावे के प्रसिद्ध रईस नागरमल-भीखमदास फर्म के मालिक मंसाराम अग्रवाल का इकलौता लड़का है।

महीने के लगभग हुआ, वीरेन्द्र इटावे चला गया है, चलते समय विजय से बिदा होकर गया था।

इधर भी, तीन-चार दिन हुए, घर से पत्र द्वारा विजय को बुलावा आया है। जिला उन्नाव, मौजा बीघापुर विजय की जन्मभूमि है।

उसके पिता अच्छी साधारण स्थिति के मनुष्य हैं, माँझगाँव के मिश्र, कुलीन कान्यकुब्ज। विवाह अधिक दहेज के लोभ से उन्होंने रोक रखा था। अब तक जितने सम्बन्ध आये थे, तीन हजार से अधिक कोई नहीं दे रहा था। अब के एक सम्बन्ध आया हुआ है,

उसकी तरफ विजय के पिता का विशेष झुकाव है। ये लोग मुरादाबाद के बाशिन्दे हैं। पन्द्रह दिन पहले ही विजय की जन्म-पत्रिका ले गये थे। विवाह बनता है, इसलिए दोबारा पक्का कर लेने को कन्या-पक्ष से कोई आया हुआ है। विजय के पिता और चचा मकान के भीतर आपस में सलाह करते हैं।

"दादा, लेकिन एक पै तो है, ये सनाढ्य ब्राह्मण हैं, ऐसा फिर न हो कि कहीं के भी न रहें।"

"तुम भी, मारो गोली, हमको रुपए से मतलब, हमारे पास रुपया है, तो भाई-बन्द, जात-बिरादरीवाले सब साले आवेंगे, नहीं तो कोई लोटे-भर पानी को न पूछेगा।"

"तो क्या राय है ?"

"विवाह करो, और क्या ?"

"सात हजार से आगे नहीं बढ़ता।"

"घर घेरे बैठा है, देखते नहीं ? धीरे-धीरे दुहो, लेकिन शिकार न निकल जाए।"

"अब फँसा है, तो क्या निकलेगा।"

"डर कौन—बारात में घर के चार जन चले चलेंगे। कहेंगे, दूर है, खर्चा नहीं मिला।"

"वही खर्चा यहाँ करके खिला दिया जाए—है न ?"

"ठीक है।"

"बस, यही ठीक है।"

विजय के पिता पं. गंगाधर मिश्र और चचा पं. कृष्णशंकर रक्त-चन्दन का टीका लगाए, रुद्राक्ष की माला पहने, खड़ाऊँ खटपटाते दरवाजे-चौपाल में, नेवाड़ के पलँग पर, धीर-गम्भीर मुद्रा से, सिर झुकाए हुए, आकर बैठ गए। एक मूँज की चारपाई पर कन्या-पक्ष के पं. सत्यनारायण शर्मा मिर्जई पहने, पगड़ी बाँधे बैठे हुए थे। मिश्रजी को देखकर पूछा, "तो क्या आज्ञा देते हैं मिश्रजी ?"

पं. गंगाधर ने पं. कृष्णशंकर की ओर इशारा करके कहा, "बातचीत इनसे कीजिए। मकान-मालिक तो यह हैं।"

पं. सत्यनारायण ने पं. कृष्णशंकर की ओर देखा।

"बात यह है पण्डितजी कि दहेज बहुत कम मिल रहा है। आप सोचें कि अब तक सात-आठ हजार रुपया तो लड़के की पढ़ाई में ही लग चुका है। लखनऊ के वाजपेयी आये थे, हमारा-उनका सम्बन्ध भी है, छह हजार देते थे, पर हमने इनकार कर दिया। अब हमको खर्च भी पूरा न मिला, तो लड़के को पढ़ाकर हमने फायदा क्या उठाया ? इस सम्बन्ध में (इधर-उधर झाँककर) हमें कुछ मिला भी नहीं, तो इतना गिरकर..."

"अच्छा, तो कहिए, क्या चाहते हैं आप ?"

"पन्द्रह हजार।"

"तब तो हमारे यहाँ बरतन भी साबित न रहेंगे।"

"अच्छा, तो आप कहिए।"

"नौ हजार लीजिए।"

"अच्छा, बारह हजार में पक्का।"

पं. सत्यनारायण अपनी अधारी सँभालने लगे।

"ग्यारह हजार देते हैं आप ?" पं. कृष्णशंकर ने उभरकर पूछा।

"दस हजार, सही बताइए।"

"अच्छा, पक्का, मगर पाँच हजार पेशगी।"

पं. सत्यनारायण ने कागज, स्टाम्प और हजार-हजार के पाँच नोट निकालकर कहा, "लीजिए, आप दोनों इसमें दस्तखत कीजिए। पहले लिखिए—पं. सत्यनारायण, मुरादाबाद की कन्या से श्रीयुत विजयकुमार मिश्र एम.ए. के विवाह-सम्बन्ध में, जो दस हजार में मय गवहीं और गौने के खर्च के पक्का हुआ है, कन्या के पिता से पाँच हजार पेशगी नकद वसूल पाया, फिर स्टाम्प पर वल्दियत के साथ दस्तखत कीजिए।"

पं. गंगाधर गद्‌गद हो गए। लिखा-पढ़ी हो गई। विवाह का दिन स्थिर हो गया।

तिलक चढ़ गया। तिलक के पहले समय तक विजय को ज्योतिर्मयी की याद आती रही। पर नवीन विवाह के प्रसंग से मन बँट गया। फिर धीरे-धीरे, जैसा हुआ करता है, वह स्मृति भी चित्त के अतल-स्पर्श को चली गई। अब विजय को उसके चरित्र पर रह-रहकर शंका होने लगी है। सोचता है, बुरा फँस गया था, बच

गया। सच कहा है, 'स्त्रियश्चरित्रं पुरुषस्य भाग्यं देवो न जानाति कुतो मनुष्यः ?'

अब नई कल्पनाएँ उसके मस्तिष्क में उठने लगी हैं। एक अज्ञात, अपरिचित सुख को जैसे केवल कल्पना के बल से प्रत्यक्ष कर लेना चाहता है, और इस चेष्टा में सुख भी कितना ! इतना कभी उसे नहीं मिला। इस अज्ञात रहस्य में वह ज्योतिर्मयी की अम्लान छवि एक प्रकार भूल ही गया।

विजय ने विवाह के उत्सव में मिलने के लिए वीरेन्द्र को लिखा था, पर उसने उत्तर दिया कि 'मैं तो विजय का ही मित्र हूँ, किसी पराजय का नहीं; इस विवाह में मैं शरीक न हो सकूँगा।'

जैसा पहले से निश्चय था, जल्दबाजी का बहाना कर पं. गंगाधर ने जाने-जाने रिश्तेदारों को छोड़कर और किसी को न बुलाया। इसी कारण ज्योतिर्मयी के यहाँ निमन्त्रण न पहुँच सका। इधर भी जहाँ कहीं न्योता गया, वहाँ से कुछ ही लोग आए। कारण, सन्देह की हवा बह चुकी थी।

बारात चली। लखनऊ में वीरेन्द्र से विजय की मुलाकात हुई। वीरेन्द्र ने पूछा, "यार, तुम तो ज्योतिर्मयी को भूल ही गए, इतने गल गए इस विवाह में !"

"बात यह है कि इस तरह की स्त्रियाँ समाज के काम की नहीं होतीं।"

"अरे, तुमने तो स्वर भी बदल दिया !"

"क्या किया जाए ?"

"और जहाँ विवाह करने जा रहे हो, यही बड़ी सती-सावित्री निकलेगी, इसका क्या प्रमाण मिला है ?"

"क्वारी और विधवा में फर्क है भाई !"

"यह मानता हूँ।"

"कुछ संस्कृति का भी खयाल करना चाहिए। संस्कृति से ही सन्तति अच्छी होती है।"

"अरे, तुम तो पूरे पण्डित हो गए !"

"अपने कुल का सबको खयाल रहता है—केतहु काल कराल

परै, पै मराल न ताकहिं तुच्छ तलैया।''

''अच्छा !''

''जी हाँ।''

''तब तो, जी चाहता है, तुम्हारे साथ मैं भी चलूँ।''

''चलो, मैंने तो तुम्हें लिखा भी था, पर तुम दुनिया की वास्तविकता का विचार तो करते नहीं, विचारों की दीवारें उठाया-गिराया करते हो।''

''अच्छा भई, अब वास्तविकता का आनन्द भी ले लें। कहो, कितने गिनाए ?''

''दस हजार।''

''दस हजार ! उसके मकान में लोटा तो मजबूत न छोड़ा होगा ?''

''कान्यकुब्ज कुलीन हैं।''

''वे कोई मामूली कान्यकुब्ज होंगे ?''

''बहुत मामूली नहीं, 17 बिस्वे मर्यादवाले हैं।''

''हूँ।'' वीरेन्द्र सोचने लगा। 'तुमसे घृणा हो गई है। जाओ, अब नहीं जाऊँगा। तुम इतने नीच हो !'

वीरेन्द्र शहर की ओर चला गया। बारात मुरादाबाद चली।

विवाह हो गया। पं. सत्यनारायण शर्मा ने वर-यात्रियों का हृदय से स्वागत-सम्मान किया। खोरे में पाँच हजार नकद दिए और कन्या को पाँच हजार का जेवर ऊपर से बनवा दिया। विजय को सोने की चेन, जेब-घड़ी, रिस्ट-वाच, साइकिल, अँगूठी और कुछ और सामान देकर खुश किया।

बड़ा-छोटा 'बड़हार' हो गया। चतुर्थी के बाद कन्या के साथ बारात बिदा हुई।

वर-कन्या के लिए पं. सत्यनारायणजी ने एक सेकंड-क्लास-कम्पार्टमेंट पहले से रिजर्व्ड करा रखा था, और लोगों के लिए इंटर-क्लास अलग।

पं. सत्यनारायण हाथ जोड़कर पं. गंगाधर और कृष्णशंकर आदि से बिदा हुए। कन्या से कहा, ''बेटी, वहाँ पहुँचकर अपने समाचार जल्द देना।'' गाड़ी छूट गई।

प्रणय से विजय का चित्त चपल हो उठा। अब तक जिस अदेख मुख पर असंख्यों कल्पनाएँ उसने की थीं, उसे देखने को यह कितना शुभ, सुन्दर अवसर मिला ! उसने पिता को, ससुर को, समाज को भरे आनन्द के छलकते हृदय से बार-बार धन्यवाद दिया। साथ युवती बहू का घूँघट उठा चन्द्रमुख को देखने की चकोर-लालसा प्रबल हो उठी। डाकगाड़ी पूरी रफ्तार से जा रही है।

विजय उठकर बहू के पास चलकर बैठा। सर्वांग काँप उठा। घूँघट हटाने के लिए हाथ उठाया। कलाई काँपने लगी। उस कम्पन में कितना आनन्द है ! रोएँ-रोएँ के भीतर से आनन्द की गंगा बह चली।

विजय ने बहू का घूँघट उठाया, त्रस्त होकर चीख उठा, "ऐं ! तुम हो ?"

"विवाह का यही सुख है !" ज्योतिर्मयी की आँखों से घृणा मध्याह्न की ज्वाला की तरह निकल रही थी। 'छिः ! मैंने यह क्या किया ! यह वही विजय—संयत, शान्त, वही विजय है ? ओह, कैसा परिवर्तन ! इसके साथ अब अपराधी की तरह, सिकुड़कर घर के एक कोने में मुझे सम्पूर्ण जीवन पार करना होगा। इससे मेरा वैधव्य शतगुण, सहस्र-गुण अच्छा था। वहाँ कितनी मधुर-मधुर कल्पनाओं में पल रही थी ! वीरेन्द्र, तुम्हारे-जैसा सिंह पुरुष ऐसे सियार का भी साथ करता है ? तुमने इधर डेढ़ महीने से मेरे लिए कितना दुःख, कितना कष्ट, मुझे और अपने इस अधम मित्र को सुखी करने के विचार से, स्वीकार किया ! 18 हजार खर्च किए ! तुम्हारे मैनेजर—सत्यनारायण—मेरे कल्पित पिता—वह देवताओं का निर्मल परिवार।' ज्योतिर्मयी मन-ही-मन और कितना न जाने क्या-क्या सोच रही थी।

विजय ने पूछा, "तुम वहाँ कैसे गईं ?"

"वीरेन्द्र से पूछना," ज्योतिर्मयी ने कहा।

ज्योतिर्मयी मिश्र-खानदान में मिल गई है, पर वीरेन्द्र फिर विजय से नहीं मिला।

कमला

कमला सोलहवें साल की अधखुली धुली कलिका है। हृदय का रस अमृत-स्नेह से भरा हुआ, खुली नावों-सी आँखें चपल लहरों पर अदृश्य प्रिय की ओर परा और अपरा की तरह बही जा रही हैं।

गत वर्ष कमला का पाणि-ग्रहण-संस्कार हो चुका है। पर मकान की प्रथा के अनुसार बारात के साथ वह बिदा नहीं हुई। अभी पति केवल ध्यान का विषय है, ज्ञान का नहीं। अभी सिर्फ सुनती, सोचती और मन-ही-मन प्यार करती है।

कमला के पति पण्डित रमाशंकर वाजपेयी आज दोपहर के समय आए हुए हैं। टेढ़ा के रहनेवाले, भाई के जनेऊ में कुछ दिनों के लिए बिदा करा ले जाएँगे। पिता ने भेजा है।

पण्डित रमाशंकर के आने की खबर गाँव-भर की युवतियों में तेजी से फैल गई। कमला की सहेलियाँ उसके घर महफिल के विचार से चलीं। माता बहाने से दूसरे के घर चली गई। हँसी-मजाक, दिल्लगी गूँजने लगी। वाजपेयी जनानखाने में ही आराम कर रहे हैं। दिन का पिछला पहर, तीन का समय है। सखियाँ पान लगाकर देतीं,

बुझौवल-कहानियों के लटके कहतीं, अर्थ पूछती हैं। वाजपेयीजी अर्थ जानते हैं या नहीं, नहीं मालूम; जवाब नहीं देते; न झेंपकर झेंपते हैं। 'कहाँ तक पढ़े हैं आप ?'...'कुछ तिरिया-चरित्तर भी सीखा है ?'... 'आपकी बहन का नाम ?' उत्तर की प्रतीक्षा के बिना प्रश्न होते रहे। वाजपेयीजी के क्षुद्र घट में एक साथ इतना आदि-रस नहीं अट सका। जी उकताने लगा। उधर, वाजपेयीजी का वैसा भरा-पूरा मुँह देखकर रस का सागर उमड़ता गया। छिपने के इरादे उठकर वह बाहर की तरफ चले, तो कमला से कुछ छोटी रिश्ते की उसकी एक बहन ने फुर्ती से हाथ पकड़कर कहा, "लो, मेरे पान तो अभी आपने खाए ही नहीं; मैं आपकी बहन लगती हूँ," खुलकर हँसी, "देखिए, दीदी और आप एक हैं। दीदी की माँ आपकी माँ हैं, तो दीदी की बहन ?"

"आपकी बहन हुई।" तीन-चार सहेलियाँ हँसती हुई एक साथ कह उठीं।

वाजपेयीजी ने पान ले लिए, लजाए हुए बाहर चले गए।

कमला रामपुर रहती है, छोटा भाई उन्नाव अँगरेजी-स्कूल में पढ़ता है। पिता का देहान्त हो गया है। पिता पण्डित रामेश्वरजी त्रिपाठी अहमदाबाद में कपड़े की दुकान करते थे। इसी से कुछ धन एकत्र कर लिया था। कमला कभी-कभी माता के साथ अहमदाबाद जाया करती थी। शिक्षा हिन्दी की मिलती थी, पर मराठी और गुजराती बालिकाओं में रहने के कारण उन भाषाओं पर भी कुछ दखल पा गई है। तीनों भाषाएँ पढ़ लेती, तीनों में पत्र लिख लेती है। पिता की मृत्यु के बाद उसका विवाह हुआ। माता ने अच्छा घर, पढ़ा-लिखा वर देखकर विवाह किया। दहेज में तीन हजार रुपए दिए। कमला के पति पण्डित रमाशंकर अँगरेजी के एम.ए. हैं। इसी साल परीक्षा दी है, अभी फल नहीं निकला।

कमला के पड़ोस में कई घर उसके खानदान के हैं। मकान के मालिक पण्डित शिवरामजी से कमला के पिता की न बनती थी। इसका एक कारण था। कमला की माता गरीब कान्यकुब्ज की लड़की थी। बीस साल तक अविवाहित बैठी रही। पिता का देहान्त हो चुका था। माता के पास इतना धन न था कि लड़की की

शादी बराबरवाले घर में कर देतीं। कमला के पिता कल्याण-भार्य थे। बिना दहेज लिए उन्होंने कन्या की माता को ऋण-मुक्त किया। यह बात उनके खानदान के आदमियों को अच्छी न लगी। इसका एक दूसरा कारण था। कमला के ननिहालवाले भैयाचार कमला की नानी को गरीबी के कारण छोड़े हुए थे कि खान-पान रखने से लड़की की शादी करानी पड़ेगी। अलग होने के कारण भी उन लोगों ने गढ़ लिए थे, जिनमें कमला की नानी और कुमारी माता के चाल-चलन में फर्क मुख्य था। यह सुनकर कमला के पिता-पक्ष के भैयाचार विवाह के समय से अब तक कमला की माता से कोई तअल्लुक नहीं रखते। कमला के विवाह के समय भी नहीं गए। विवाह हो जाने पर वाजपेयीजी से शिकायत करने की ताक लगाए बैठे। सोचा था, कमला का जीवन बरबाद कर देंगे।

रात एक पहर बीत चुकी। पण्डित रमाशंकर भोजन कर चुके। ऊपर के कोठे पर पलँग बिछा दिया गया था, वहीं लेटे हुए हैं। कमला की माता और कमला का भी भोजन हो चुका।

कमला को अनेक प्रकार की सीख दे, पान और पानी लेकर पति की पद-सेवा के लिए भेजकर, ईश्वर-स्मरण करती हुई माता नीचे अपनी चारपाई पर लेट रहीं।

कमला के मन में माता की शिक्षा, मस्तिष्क में पति-सेवा, आँखों में एकनिष्ठ अचल ज्योति, होंठों पर लाज से मधुर मन्द मुस्कान—कपोलों तक चक्राकृति फैलती हुई आत्मा में मृदु प्रणय-भय, पदों में भूषणों की विजय-शिंजन। जीने की एक-एक कली पर पैर रखती, रति की मधुर झंकृति रमाशंकर के भीतर एक-एक कमल खिला देती है।

आकाश के चाँद का फूल पृथ्वी पर ज्योतिर्मय परिमल भर रहा है। कोठे के झरोखों से किरणें, अदृश्य अप्सराओं-सी, दो सुहृदयों को प्राथमिक प्रणय के दृढ़ पाश में बँधते हुए देखकर हँसती हुई चली जाती हैं। हवा नीम के फूलों की भीनी महक से दोनों को मौन स्नेह में ढककर बह रही है। हृदय के रत्नाकार ने आज ही विष्णु को लक्ष्मीं दी, लक्ष्मी को विष्णु।

कमला ने जल-भरा ढक्कनदार लोटा और गिलास रख दिया। डिब्बे से निकालकर रमाशंकर को पान दिए। पलकें झुकाए पलँग के एक ओर खड़ी रही। जहाँ कमला का यथार्थ स्थान था—रमाशंकर का स्नेहमय प्रदेश—वहाँ से उस प्रान्त में जहाँ रमाशंकर कमला की स्मृति में चमक रहा था, प्रतिध्वनि हुई, "बैठो।"

स्वप्न-संचलित कमला पैरों की तरफ बैठ गई। दबाने के लिए अपनी तरफवाला दाहिना पैर पकड़ लिया, दबाने लगी। झरोखे से चाँद सीधे मुख पर पड़ रहा था, तमाम पलँग चाँदनी से जगमग।

कमला पैर दबा रही है, रमाशंकर एकाएक उस अर्द्धस्फुट कली की नवल मुख-कान्ति पान कर रहा है। प्रति शिरा एक नए जीवन से मजबूत, उसे अपनी ही दृढ़ता से स्खलित कर दूर, बहुत दूर, सौन्दर्य के उस अपरिचित लोक में पतंग की तरह उड़ा ले गई। आज तक के बन्द अनेक रहस्य-द्वार उस किरणमयी के सौन्दर्य के जादू से गुलशब्बो की तरह खुल-खुल गए। उसी के प्रकाश से पथ देखता हुआ वह कहाँ-कहाँ हो आया।

कमला को थकी हुई जान यथासमय रमाशंकर उठकर बैठ गया। बड़े स्नेह से हाथ पकड़ चाँद की तरफ बैठा लिया। पैर लटकाए मुक्त-ज्योत्स्ना कलित अकल आकाश देखते हुए एक-दूसरे का हाथ लिए दोनों चुपचाप बैठे रहे। खुले हुए हृदय ने कमला का संकोच दूर कर दिया। प्रणय का मौन स्पर्श दोनों के हृदय को पुलकित करता रहा। भाषा आप बन्द हो गई, जैसे शक्ति की चंचलता हो।

मौन स्थिति में रहने की अनिच्छा या परिवर्तन ने दोनों को सृष्टि की चपलता—वाक्य-कलाप, कलियों में उभाड़ दिया।

अनेक बातें हुईं, अनेक विशृंखल परिणय-प्रसंग छिड़े, रमाशंकर की उतनी बड़ी विद्वत्ता ने कमला को वार्त्तालाप की बराबर जगह दी, और निस्संकोच कमला उसके सामने ही वाक्पटु रही !

वह रात दोनों को जागते, तरह-तरह गपशप लड़ाते हुए कटी। वह जागरण की रात्रि भविष्य की चिर-स्मरण रात्रि बन गई। चिड़ियों की चहक सुनकर दोनों ने देखा, रात पार हो रही है।

कमला के हृदय में रमाशंकर का कहा हुआ एक वाक्य हमेशा के लिए रह गया, "तुम्हारे बिना मेरे जीवन का अर्थ ही क्या ?"

उसी रोज दिन में करीब ग्यारह बजे एक नाई रमाशंकर के पास खबर लेकर पहुँचा। एकान्त में बुलाकर कहा, ''चुपचाप चले चलिए। मालिक ने कहा है, बिदा कराने की जरूरत नहीं, और इसी दम बुला भेजा है।''

रमाशंकर के होश उड़ गए, कुछ देर सोचकर पूछा, ''इसका कोई कारण भी है ?''

''हाँ, बिदा कराने पर भैयाचार और नातेदार छोड़ देंगे। बहुत बड़ी बात है। घर चलकर मालूम कीजिए।''

रमाशंकर एक पेड़ की तरफ कुछ कदम बढ़ गया। कहा, ''तुमको जो कुछ मालूम हो, कहो।''

नाई ने मुँह बनाकर कहा, ''भैया, अब घर में सब समझ लीजिएगा। बड़े घरों की बात कौन कहे ?''

रमाशंकर का दिल बैठ गया, फिर अदम्य आग्रह से भर गया। उसने कहा, ''हम कहते हैं, संकोच छोड़कर कहो।''

नाई लाचार, जमीन पर नजर गड़ाए कहने लगा, ''कल यहाँ के कुछ लोग, इन्हीं के भैयाचार, गाँव गए थे। जगनू बापू, रामकिशोर चाचा, भगवानदीन दादा वगैरा (ये सब रमाशंकर के भैयाचार हैं, जो जुदा रहते हैं) को अलग बुलाकर कहा है कि लड़की काम की नहीं है। कानपुर में किसी मुसलमान...''

रमाशंकर क्षोभ से काँपने लगा। कमला पर क्रोध आ गया।

नाई कहता गया, ''अब भैयाचार, नातेदार, सबको मालूम हो गया है। सबकी राय है कि आप चले चलें, जैसा होगा, किया जाएगा। आपकी सास का चाल-चलन अच्छा नहीं, न मायके में अच्छा रहा। सब भैयाचार छोड़े हुए हैं।''

रमाशंकर सोचता रहा। विषय कोई न था, केवल चिन्ता और क्रोध था, जिसका अर्थ था कि स्त्री-जाति कैसी छल से भरी होती है !

प्यार रमाशंकर को बहुत दूर ले गया था। अब हृदय के टुकड़े-टुकड़े हुए जा रहे थे, पर प्रमाण की उसे जरूरत न थी। प्यार प्रमाण नहीं चाहता।

रमाशंकर मकान गया, चुपचाप अपना छोटा सन्दूक उठाकर चल दिया। उसकी सास उस समय कार्य से बाहर थीं।

कमला खड़ी थी। भोली दृष्टि से देखती रही। रमाशंकर सिर झुकाए हुए चला गया।

बिना बिदा कराए रमाशंकर का चला जाना सखियों तथा गाँव के लोगों में कमला तथा उसकी माता का बहुत बड़ा अपमान हुआ। सखियाँ कमला के आँसू पोंछती, उसे ढाढ़स देती थीं। कुछ दिनों में उसके भैयाचारों की स्त्रियों से उन्हें हाल मालूम हो गया, और उसकी माता भी समाचार पा गईं।

कमला कारण सुनकर सूख गई। यह बात बिलकुल झूठ थी। कानपुर में वह अपनी मौसी के यहाँ थी, उसी समय एक रात वहाँ चोरी हुई थी, जिसका अर्थ भैयाचारों ने अपनी तरफ से इतना बढ़ा लिया था, और विवाह हो जाने के बाद यह जौहर खेलने का इरादा किए बैठे थे। कमला की माता की दशा थोड़े ही दिनों में शोचनीय हो गई; कमला भी हवा में डोलने-सी लगी।

गर्मी की छुट्टी हुई। कमला का भाई राजकिशोर घर आया। बालक घर की दशा देखकर बहुत घबराया। गाँव के लोग उसे साथ ले वाजपेयीजी के यहाँ चलने लगे। कमला ने रोक दिया। माता को सोचते-सोचते और फाके करते-करते कमजोरी से बुखार आ गया। क्रमशः कफ से फेफड़े जकड़ गए, हालत चिन्ताजनक हो गई।

एक दिन बालक राजकिशोर ने गाँव में चर्चा सुनी, और उदास होकर, माता के पास जाकर कहा, "अम्मा, वाजपेयी जीजा का दूसरा विवाह हो रहा है। रामअधीन चाचा आज बातचीत करते थे। कोई डिप्टी-कलक्टर फतेहपुर के हैं, उनकी लड़की के साथ।"

कमला खड़ी थी।

माता ने सुना, आँखों में आँसुओं की धारा बँध गई। बोलने की रही-सही क्षीण शक्ति भी जाती रही। उसी सजल दृष्टि से कमला को पड़ी हुई देखती रहीं।

कमला भी इस ग्रीष्म में मरु-निर्झरी-सी अल्प जल हो रही है ! माता की दशा देखकर, सिरहाने बैठकर सिर पर हाथ फेरने लगी, बरबस आँखों से आँसू टपकने लगे।

यह कष्ट माता से न सहा गया, उसी रात उनका देहान्त हो

गया। गाँव के अपर लोगों की मदद से लाश गंगा पहुँचाई गई। राजकिशोर ने दाह किया।

विवाह के लिए रमाशंकर की इच्छा न थी। उसकी चोट ताजा थी। हृदय बैठ गया था। कमला को वह इतना प्यार कर चुका था कि अब विवाह की तरफ से बिलकुल वीतराग हो रहा था। मन उड़ा फिरता था। हृदय में जगह न थी, था दर्द, जहाँ उसे केवल कष्ट मिलता था। गाँव में कोई और उसका साथी भी न था, सिर्फ बगीचे थे।

डिप्टी-कलक्टर के छोटे भाई वर की तलाश में आए थे। लड़का बहुत पसन्द आया। विवाह पक्का कर गए। रमाशंकर ने पिता की आज्ञा स्वीकार कर ली।

एक रात की बात है। रमाशंकर सो रहा था। स्वप्न में देखा, कमला बगल में खड़ी है, आँखों से आँसू जारी हैं। उठकर बैठ गया। वह मूर्ति उसकी दृष्टि में लीन हो गई।

कमला की मौसी खबर पाकर आई, उसे अपने पास कानपुर ले गई। कुल क्रिया हो चुकी थी। राजकिशोर उन्नाव से सर्टिफिकेट लेकर कानपुर में भर्ती हो गया।

दिन, सप्ताह, मास, क्रम-क्रम से, जीवन की पूर्ति के रूप से, एकमात्र भाई के स्नेह में, बीतने लगे। कमला का चित्त भी पूर्व-स्थिति के विस्तार को संकुचित करता हुआ अपनी ही हद में आ गया ! दुख का वह रूप नैराश्य के तम में लीन हो अब केवल सुप्ति की तरह जीवन की शान्ति में परिवर्तित हो गया है। अब उसे कोई इच्छा नहीं, उसके प्राणों में कोई रंग नहीं; है केवल तपस्या, जिस पर एक हिन्दू महिला विश्वास की डोर पकड़े हुए अपना कुल जीवन निछावर कर देती है।

पति के प्रति कमला का काम ही क्रोध उभार सकता था, मोह में बदलकर जीवन को कलंकित कर सकता था, पर अब उसका निशान तक न रहा। वह अपनी कुल-प्रथा के अनुसार एक सौभाग्यवती की तरह व्रत-उपवास आदि तथा देवताओं को प्रणाम कर

पति तथा भाई की कल्याण-कामना किया करती है। शृंगार में केवल सिन्दूर उसे तृप्त कर रखने के लिए है।

एक सीने की मशीन उसने खरीद ली है। रूमाल, कमीज, कुर्त्ते आदि सीती, कभी कपड़ों पर छापे लगाकर बेल-बूटे काढ़ती है। इसी तरह उसके अवकाश का समय पार होता है। उसकी मौसी माल बाजार में बेचवा देती। दुकानदार बिक जाने पर दाम दे देते हैं।

कमला जहाँ रहती है, वहीं एक बगल में आर्य-समाज के मन्त्रीजी रहते हैं, और एक तरफ 'महिला' पत्रिका की सम्पादिका।

एक रोज मन्त्रीजी की कुमारी कन्या उससे आकर मिली, अपनी घरेलू सभ्यता के अनुसार थोड़े सामान और भरे-पूरे हृदय से कमला ने उसका स्वागत किया। बातचीत होने लगी।

"तुम बहुत दिनों से यहाँ रहती हो, कल मैंने सुना।" मन्त्रीजी की लड़की वेदवती ने कहा।

"हाँ, मौसीजी के साथ, कुछ महीने हुए, आई हूँ।" कमला ने नम्र स्वर से कहा।

"तुम्हारा विवाह तो हो गया है ?" माँग का सिन्दूर देखती हुई वेदवती ने पूछा।

"हाँ," कमला ने सरल चितवन नीची कर कहा।

"तुम अपने पतिदेव के यहाँ कितने दिनों से नहीं गईं ?"

"जब से विवाह हुआ," उसी सरलता से कमला ने कहा।

"क्यों, क्या अभी तुम्हारा गौना नहीं हुआ ?"

"न।" कमला चुपचाप बैठी रही।

तब तक कमला की मौसी भी आ गई, और पड़ोस की उसे प्रतिष्ठित घर की कन्या जानकर एक साँस में कमला के प्रति हुए पाशविक अत्याचार का वर्णन कर गई।

सुनकर गुस्से से वेदवती का चेहरा लाल पड़ गया, "तुम लोग कमजोर हो। किस्मत को कोसती हो। मैं होती तो, चपत का जवाब दूने कस की चपत कसकर देती—उन्हीं की तरह अपना भी दूसरा विवाह साथ-साथ करती, ऊपर से न्योता भेजती कि आइए जनाबमनू, मेरे शौहर से मुलाकात कर जाइए। तुम्हीं लोगों ने अपने सिर स्त्रियों का अपमान उठा रखा है।"

कमला अपलक ताकती रही। वेदवती उठकर बाहर की ओर

'अभी आती हूँ' कहकर चली गई। 'महिला' की सम्पादिका कुमारी सुशीलादेवी को साथ लिवा लाई, "यह हैं। देखो, पतिदेव के पिताजी ने बिना अपराध परित्याग कर दिया। चिरंजीव पुत्र की दूसरी शादी कर दी।" परिचय दिया।

सुशीला बैठ गई। वेदवती खड़ी रही।

"तुम्हारी बातें एक नोट के रूप में 'महिला' में दे दूँ ?" सुशीला ने राय ली।

"नहीं।"

"ये सब बुरे संस्कार हैं बहन, इन्हें दूर करने की कोशिश ही हमारा धर्म होना चाहिए।"

"पर ये मेरी तरफ के बुरे संस्कार नहीं, लिखने के लिए कहने पर साक्षी बनकर मेरी तरफ के ठहरेंगे। मैं ऐसा नहीं चाहती।"

"पर मेरा धर्म भी एक है।"

"उसके लिए मुझसे आप राय क्यों लेती हैं ? अगर आप लिखेंगी, तो आपसे मेरा विनय-स्नेह उठ जाएगा। क्योंकि आप मेरे सम्बन्ध में मेरी मर्जी के खिलाफ कार्रवाई करेंगी।"

सुशीला एकटक देखती रही। वेदवती भी स्थिर खड़ी सुनती रही। कमला अपने ही विचारों की लय में मौन बैठी और दृढ़ होती रही।

"अच्छा, फिर मिलूँगी, मुझे पाठशाला जाना है," कहकर वेदवती चली, साथ-साथ सुशीला भी गौर करती हुई चली गई।

दो साल और पार हो गए। कमला के स्वास्थ्य में पुनः भादों की बाढ़ है। भरी-पूरी परन्तु समय की तमिस्र तिथि के भीतर, सधी हुई चाल से, ठीक अपने ही समुद्र की ओर बहती जा रही है।

राजकिशोर के स्नेह की कमला महिलाओं में सर्वत्र चरित्रबल, आदर्श-प्रीति के कारण सम्मान तथा प्यार की पात्री बन रही है। स्त्रियाँ उसे देवी के भाव से, मन-ही-मन अपना आदर्श मानकर, पूजती हैं।

राजकिशोर अब सोलहवें साल का तरुण, प्रवेशिका-परीक्षा का कुशाग्र-बुद्धि विद्यार्थी है। सोलहवें साल में ही वह फूटकर जवान हो गया है। रोज कसरत करता, जोर करने के लिए अखाड़े जाया करता है। कमला का बाहरी लक्ष्य है भाई और भीतर पति-धर्म।

प्रातः स्नान करती है, कुछ देर रामायण-पाठ, फिर अपने कार्य में लगती है। रमाशंकर अब उसके लिए कोई बाहर का मनुष्य नहीं, वह अब उसकी आत्मा में अर्थमय बनकर है। इसलिए अब कामना-जन्य प्रेम का खिंचाव उसके चित्त को हिला नहीं सकता। वह अब सब समय अकाम तपस्या-सी जीवन के कूल पर खड़ी अपने ही रमा-रूप के शंकर-शुभंकर निस्सीम सुन्दर को तन्मय देख रही है।

इसी समय कानपुर में हिन्दू-मुसलमानों में दंगे की बुनियाद पड़ी। एक रोज बड़ा हंगामा भी हुआ। दोनों तरफ के अनेक घर लुटे, फुँके और ढहा दिए गए। हजारों आदमी काम आए। जो हिन्दू मुसलमानों की बस्ती में थे, उनके घर फूँककर, माल लूटकर, आदमियों को मारकर या जख्मी कर मुसलमानों ने उनकी स्त्रियों को अपने घरों में डाल लिया। ऐसा ही हिन्दुओं ने भी किया। अपने मसरफ में न आने लायक जानकर उन्होंने मुसलमानों की महिलाओं का भी वध कर डाला।

दोनों जातियों के लोग अपने-अपने दलों के भूले-भटके, गायबशुदा लोगों की तलाश में लग गए। उसी समय एक मुसलमान के घर से दो हिन्दू युवतियाँ बरामद हुईं। राजकिशोर हिन्दू-दल में था। निस्सहाय जान अपने घर में जाँच होने तक जगह देने को राजी हो गया, और कमला के पास लिवा लाया।

उन्हें नहला, वस्त्र दे, जलपान करा कमला ने परिचय पूछा। दोनों भले घर की स्त्रियाँ जान पड़ती हैं—बहुत ही दहशत खाई हुईं। एक ब्याही हुई घर की बहू-सी है; दूसरी क्वाँरी। युवती सत्रह साल की, बालिका पन्द्रह साल की है।

बालिका बोली, "यह मेरी बहूजी हैं। मेरे भाई रमाशंकर वाजपेयी यहीं कॉटन-मिल के बाबू हैं। मेरे पिता का नाम रामचन्द्र वाजपेयी है। भैया का पता नहीं है। पिताजी घर में थे, पर हम लोगों से नहीं मिले। कुछ मुसलमान घर लूटकर हमें अपने साथ ले गए थे।"

कमला चकित हो गई। बड़ी देर तक सोचती रही। फिर राजकिशोर को अलग बुला, सब हाल समझाकर अस्पतालों में पता लगाने के लिए कहा। फिर युवतियों के भोजन पकाने का इन्तजार करने लगी। मौसी गाँव गई थीं।

पण्डित रामचन्द्र और रमाशंकर अस्पतालों में मिले। दोनों के

सिर पर चोटें थीं। रमाशंकर डेरे जाते समय घायल हुए थे। चार-पाँच दिन बाद अच्छे हो गए। राजकिशोर स्वयंसेवक की हैसियत से देख आता था, पर अपना परिचय नहीं दिया। युवतियाँ कमला के यहाँ प्रसन्न रहती रहीं। उनका पूरा परिचय तो कमला ने प्राप्त कर लिया, पर अपना पूर्णतः छिपा रखा।

पिता-पुत्रों के लिए चार-पाँच दिनों तक भोजन कमला घर से ही भेज देती थी। उन्हें हाल मिल चुका था कि उनकी बहू और कन्या सुरक्षित है। पाँचवें दिन अच्छे होकर वे कमला के घर आए। साथ राजकिशोर भी था।

रमाशंकर तथा उसके पिता से वह सब हाल, जिस तरह उनकी महिलाएँ एक मुसलमान के घर से निकाली गई थीं, राजकिशोर ने कहा। वाजपेयी ने प्रत्युत्तर में उसका निवास-स्थल पूछा। राजकिशोर ने रायबरेली-जिले के धई मुकाम के पास बतलाया।

मकान आ, अपनी महिलाओं को लेकर बिदा होते हुए पण्डित रामचन्द्रजी बार-बार हाथ जोड़कर बालक राजकिशोर से प्रार्थना करने लगे, "आपने हमारा पूरा-पूरा उद्धार किया है। अब इतनी कृपा और कीजिए कि इस मामले का भेद कहीं खुलने न पावे, नहीं तो हम किसी तरफ के न रहेंगे।" रमाशंकर की भी पिता के शब्दों से सहानुभूति थी।

राजकिशोर पृथ्वी की तरफ देख रहा था। आँखों से आँसुओं की बड़ी-बड़ी बूँदें टपक रही थीं। कुछ सँभलकर कहा, "नहीं वाजपेयीजी, आप निश्चिन्त रहिए। जैसी हमारी इज्जत, वैसी ही आपकी है।"

पं. रामचन्द्रजी घर गए, तो देखते हैं, उनके जाने से पहले गाँव-भर में उनकी बहू और बेटी की मुसलमान के घर रहनेवाली खबर फैल चुकी है। घर में उन्हीं के सगे भाई ने कहा, "घर में अभी आपका रहना नहीं हो सकता, क्योंकि आपके पीछे हम बे-धर्म तो हो नहीं सकते, हमारे भी छोटे-छोटे बच्चे हैं, उनके भी जनेऊ और ब्याह हमें करने हैं, सब लोग हमें छोड़ देंगे, तो हम सिर्फ आपको लेकर करेंगे क्या ? आप तब तक ढोरवाले घर में रहिए, हम भैयाचारों को बुला लाते हैं।"

पं. रामचन्द्र और रमाशंकर बड़े घबराए, पर उपाय न था, ढोरवाले घर में गए। शाम को भैयाचारों का जमाव हुआ। सबने राय दी, ''तुम लोग गधे बन गए हो, अब लाख धोने पर घोड़े नहीं बन सकते, इसलिए अब अपना परिवार लेकर अलग रहो।''

लाचार होकर पं. रामचन्द्रजी को अलग होना पड़ा। गाँव में जहाँ उनके प्रबल प्रताप से सभी वर्ण काँपते थे; जिसके मकान में वह पानी पी लेते थे, वह अपने को कृतार्थ, इन्द्र-तुल्य समझता था, उन्हीं वाजपेयीजी के लिए किसी शूद्र का पानी छू लेना दुश्वार हो गया।

इतने अपमान से वह गाँव में न रह सके। अपने पुत्र तथा परिवार के साथ पुनः कानपुर चले गए। दंगे के कारण बहुत दिनों तक व्यवसाय बन्द रहा।

लड़की जवान हो चुकी थी, और भैयाचार छोड़ चुके थे। पता लगाकर विवाह करानेवाले कनवजिए फँस नहीं सकते, इस विचार से एक दिन राजकिशोर के यहाँ गए। बातचीत से मालूम हुआ, वह अभी कुँआरा है, और गोपाल का तिवारी, उनसे कुछ ही हेठा पड़ता है। पर ऐसे विवाह दोषवाले नहीं कहलाते। यह सोचकर वाजपेयीजी ने राजकिशोर से उसके अभिभावक को पूछा। राजकिशोर ने पूछने का कारण पूछा। वाजपेयीजी ने कहा, ''तुम्हारा विवाह अपनी लड़की से करना चाहते हैं, रमा कहता है कि बहन को उन्होंने बचाया है, अब उन्हीं से उनका विवाह कर देना ठीक होगा।''

राजकिशोर ने कहा, ''विवाह की बातचीत मेरे अभिभावक पक्की कर लेंगे, आपको दिक्कत न होगी, पर आप रमाशंकरजी को लेकर कल आइए, मैं अपने अभिभावक से भी कह रखूँगा।''

दूसरे दिन पं. रामचन्द्र तथा रमाशंकर आए। कमला अनावृत्तमुख मन्द-पद सामने आकर खड़ी हो गई।

रमाशंकर ने पिता से कहा, ''यह तो पं. शिवरामजी की लड़की है !''

कमला ने कहा, ''आपकी इच्छा होगी, तो ऐसी स्थिति में मैं विवाह करने को तैयार हूँ, क्योंकि आपको उठा लेना मेरा धर्म है।''

श्रीमती गजानन्द शास्त्रिणी

श्रीमती गजानन्द शास्त्रिणी श्रीमान् पं. गजानन्द शास्त्री की धर्म-पत्नी हैं। श्रीमान् शास्त्रीजी ने आपके साथ यह चौथी शादी की है—धर्म की रक्षा के लिए। शास्त्रिणीजी के पिता को षोडशी कन्या के लिए पैंतालीस साल का वर बुरा नहीं लगा—धर्म की रक्षा के लिए। वैद्य का पेशा अख्तियार किए शास्त्रीजी ने युवती पत्नी के आने के साथ 'शास्त्रिणी' का साइन-बोर्ड टाँगा—धर्म की रक्षा के लिए। शास्त्रिणीजी उतनी ही उम्र में गहन पातिव्रत्य पर अविराम लेखनी चालना कर चलीं—धर्म की रक्षा के लिए। मुझे यह कहानी लिखनी पड़ रही है—धर्म की रक्षा के लिए।

इससे सिद्ध है, धर्म बहुत ही व्यापक है। सूक्ष्म दृष्टि से देखनेवालों का कहना है कि नश्वर संसार का कोई काम धर्म के दायरे से बाहर नहीं। सन्तान पैदा होने के पहले से मृत्यु के बाद—पिण्डदान तक जीवन के समस्त भविष्य, वर्तमान और भूत को व्याप्त कर

धर्म-ही-धर्म है।

जितने देवता हैं, चूँकि देवता हैं, इसलिए धर्मात्मा हैं। मदन को भी देवता कहा है। यह जवानी के देवता हैं। जवानी जीवन-भर का शुभमुहूर्त है, सबसे पुष्ट, कर्मठ और तेजस्वी देवता मदन, जो भस्म होकर नहीं मरे; लिहाजा यह काल और काल के देवता सबसे ज्यादा सम्मान्य, फलतः क्रियाएँ भी सबसे अधिक महत्त्वपूर्ण, धार्मिकता लिए हुए। मदन को कोई देवता न माने तो न माने, पर यह निश्चय है कि आज तक कोई देवता इन पर प्रभाव नहीं डाल सका। किसी धर्म, शास्त्र या अनुशासन को यह मानकर नहीं चले, बल्कि धर्म, शास्त्र और अनुशासन के माननेवालों ने ही इनकी अनुवर्तिता की है। यौवन को भी कोई कितना निंद्य कहे, चाहते सब हैं, वृद्ध सर्वस्व भी स्वाहा कर। चिह्न तक लोगों को प्रिय हैं—खिजाब की कितनी खपत है ! धातु-पुष्टि की दवा सबसे ज्यादा बिकती है। साबुन, सेण्ट, पाउडर, क्रीम, हेजलीन, वेसलीन, तेल-फुलेल के लाखों कारखाने हैं इस दरिद्र देश में। जब न थे, तब रामजी और सीताजी उबटन लगाते थे। नाम और प्रसिद्धि कितनी है—संसार की सिनेमा-स्टारों को देख जाइए। किसी शहर में गिनिए—कितने सिनेमा-हाउस हैं। भीड़ भी कितनी—आवारागर्द मवेशी काइन्ज हाउस में इतने न मिलेंगे। देखिए—हिन्दू, मुसलमान, सिख, पारसी, जैन, बौद्ध, क्रिस्तान—सभी; साफा, टोपी, पगड़ी, कैप, हैट और पाग से लेकर नंगा सिर-घुटन्ना तक; अद्वैतवादी, विशिष्टाद्वैतवादी, द्वैतवादी, द्वैताद्वैतवादी, शुद्धाद्वैतवादी, साम्राज्यवादी, आतंकवादी, समाजवादी, काजी, सूफी से लेकर छायावादी तक; खड़े-बेड़े, सीधे-टेढ़े—सब तरह के तिलक-त्रिपुण्ड; बुरकेवाली, घूँघटवाली, पूरे और आधे और चौथाई बालवाली, खुली और मुँदी चश्मेवाली आँखें तक देख रही हैं; अर्थात् संसार के जितने धर्मात्मा हैं, सभी यौवन से प्यार करते हैं। इसलिए उनके कार्य को भी धर्म कहना पड़ता है। किसी के न कहने—न मानने से वह अधर्म नहीं होता।

अस्तु, इस यौवन के धर्म की ओर शास्त्रिणीजी का धावा हुआ, जब वह पन्द्रह साल की थीं अविवाहिता। यह आवश्यक था, इसलिए पाप नहीं। मैं इसे आवश्यकतानुसार ही लिखूँगा। जो लोग विशेषरूप से समझना चाहते हों, वे जितने दिन तक पढ़ सकें, काम-विज्ञान

का अध्ययन कर लें। इस शास्त्र पर जितनी पुस्तकें हैं, पूरे अध्ययन के लिए पूरा मनुष्य-जीवन थोड़ा है। हिन्दी में अनेक पुस्तकें इस पर प्रकाशित हैं, बल्कि प्रकाशन को सफल बनाने के लिए इस विषय की पुस्तकें आधार मानी गई हैं। इससे लोगों को मालूम होगा कि यह धर्म किस अवस्था से किस अवस्था तक किस-किस रूप में रहता है।

शास्त्रिणीजी के पिता जिला बनारस के रहनेवाले हैं—देहात के, पयासी, सरयूपारीण ब्राह्मण; मध्यमा तक संस्कृत पढ़े; घर के साधारण जमींदार, इसलिए आचार्य भी विद्वत्ता का लोहा मानते हैं। गाँव में एक बाग कलमी लँगड़े का है। हर साल भारत-सम्राट् को आम भेजने का इरादा करते हैं, जब से वायुयान-कम्पनी चली। पर नीचे से ऊपर को देखकर ही रह जाते हैं—साँस छोड़कर। जिले के अँगरेज हाकिमों को आम पहुँचाने की पितामह के समय से प्रथा है। यह भी सनातनधर्मानुयायी हैं। नाम पं. रामखेलावन है।

रामखेलावनजी के जीवन में एक सुधार मिलता है। अपनी कन्या का, जिन्हें हम शास्त्रिणीजी लिखते हैं, नाम उन्होंने सुपर्णा रखा है। गाँव की जीभ में इसका यह रूप नहीं रह सका; प्रोग्रेसिव राइटर्स की साहित्यिकता की तरह 'पन्ना' बन गया है। इस सुधार के लिए हम पं. रामखेलावनजी को धन्यवाद देते हैं। पण्डितजी समय काटने के विचार से आप ही कन्या को शिक्षा देते थे, फलस्वरूप कन्या भी उनके साथ समय काटती गई और पन्द्रह साल की अवस्था तक सारस्वत में हिलती रही। फिर भी गाँव की वधू-वनिताओं पर, उसकी विद्वत्ता का पूरा प्रभाव पड़ा। दूसरों पर प्रभाव डालने का उसका जमींदारी स्वभाव था, फिर संस्कृत पढ़ी, लोग मानने लगे। गति में चापल्य उसकी प्रतिभा का सबसे बड़ा लक्षण था।

उन दिनों छायावाद का बोलबाला था, खास तौर से इलाहाबाद में लड़के पन्त के नाम की माला जपते थे ध्यान लगाए। कितनी लड़ाइयाँ लड़ीं प्रसाद, पन्त और माखनलाल के विवेचन में। भगवतीचरण बायरन से आगे हैं, पीछे रामकुमार—कितनी ताकत से

सामने आते हुए ! महादेवी कितना खींचती हैं।

मोहन उसी गाँव का इलाहाबाद विश्वविद्यालय में बी.ए. (पहले साल) में पढ़ता था। यह रंग उस पर भी चढ़ा और दूसरों से अधिक। उसे पन्त की प्रकृति प्रिय थी, और इस प्रियता से जैसे पन्त में बदल जाना चाहता था। संकोच, लज्जा, मार्जित मधुर उच्चारण, निर्भीक नम्रता, शिष्ट, आलाप, सजधज उसी तरह। रचनाओं से रच गया। साधना करते सधी रचना करने लगा। पर सम्मेलन शरीफ अब तक नहीं गया। पिता हाईकोर्ट में क्लर्क थे। गर्मी की छुट्टियों में गाँव आया हुआ है।

सुपर्णा से परिचय है जैसे पर्ण और सुमन का। सुमन पर्ण के ऊपर है, सुपर्णा नहीं समझी। जमींदार की लड़की, जिस तरह वहाँ की समस्त डालों के ऊपर अपने को समझती थी, उसके लिए भी समझी। ज्यों-ज्यों समय की हवा से हिलती थी, सुमन की रेणु से रँग जाती थी; समझती थी, वह उसी का रंग है। मोहन शिष्ट था, पर अपना आसन न छोड़ता था

सुपर्णा एक दिन बाग में थी। मोहन लौटा हुआ घर आ रहा था। सुपर्णा रँग गई। बुलाया। मोहन फिर भी घर की तरफ चला।

"मोहन ! ये आम बाबूजी दे गए हैं, ले जाओ। तकवाहा बाजार गया है।"

मोहन बाग की ओर चला। नजदीक गया तो सुपर्णा हँसने लगी, "कैसा धोखा देकर बुलाया है ?—आम बाबूजी ने तुम्हारे यहाँ कभी और भी भिजवाए हैं ?"

मोहन लजाकर हँसने लगा।

"लेकिन तुम्हारे लिए कुछ आम चुनकर मैंने रखे हैं। चलो।"

मोहन ने एक बार संयत दृष्टि से उसे देखा। सुपर्णा साथ लिए बीच बाग की तरफ चली, "मैंने तुम्हें आते देखा था, तुमसे मिलने को छिपकर चली आई। तकवाहे को सौदा लेने बाजार (दूसरे गाँव) भेज दिया है। याद है मोहन ?"

"क्या ?"

"मेरी गुइँयों ने तुम्हारे साथ, खेल में।"

"वह तो खेल था।"

"नहीं, वह सही था। मैं अब भी तुम्हें वही समझती हूँ।"

''लेकिन तुम पयासी हो। शादी तुम्हारे पिता को मंजूर न होगी।''

''तो तुम मुझे कहीं ले चलो। मैं तुमसे कहने आई हूँ। दूसरे से ब्याह करना मैं नहीं चाहती।''

मोहन की सुन्दरता गाँव की रहनेवाली सुपर्णा ने दूसरे युवक में नहीं देखी। उसका आकर्षण उसकी माँ को मालूम हो चुका था। उसका मोहन के घर जाना बन्द था। आज पूरी शक्ति लड़ाकर, मौका देखकर मोहन से मिलने आई है। मोहन खिंचा। उसे यहाँ वह प्रेम न दिखा, वह जिसका भक्त था, कहा, ''लेकिन मैं कहाँ ले चलूँ ?''

''जहाँ रहते हो।''

''वहाँ जो पिताजी हैं !''

''तो और कहीं।''

''खाएँगे क्या ?''

खाना पड़ता है, यह सुपर्णा को याद न था। मोहन से लिपटी जा रही थी।

इसी समय तकवाहा बाजार से आ गया। देर का गया था। देखकर सचेत करने के लिए आवाज दी। सुपर्णा घबराई। मोहन खड़ा हो गया।

तकवाहा बाग आ सौदा देकर मोहन को जमींदार की ही दृष्टि से घूरता रहा। मतलब समझकर मोहन धीरे-धीरे बाग से बाहर निकला और घर की ओर चला।

तकवाहा धार्मिक था। जैसा देखा था, पं. रामखेलावनजी से व्याख्या समेत कहा। साथ ही इतना उपदेश भी दिया कि मालिक ! पानी की भरी खाल है, कल क्या हो जाए ! बिटिया रानी का जल्द ब्याह कर देना चाहिए।

पं. रामखेलावनजी भी धार्मिक थे। धर्म की सूक्ष्मतम दृष्टि से देखने लगे तो मालूम पड़ा कि सुपर्णा के गर्भ है, नौ-दस महीने में लड़का होगा। फिर ? इस महीने लगन है—ब्याह हो जाना चाहिए।

जल्दी में बनारस चले।

पं. गजानन्द शास्त्री बनारस के वैद्य हैं। वैदकी साधारण चलती है, बड़े दाँव-पेंच करते हैं तब। पर आशा बहुत बढ़ी-चढ़ी है। सदा बड़े-बड़े आदमियों की तारीफ करते हैं और ऐसे स्वर से, जैसे उन्हीं में से एक हों। वैदकी चले, इस अभिप्राय से शाम को रामायण पढ़ते-पढ़वाते हैं तुलसी-कृत; अर्थ स्वयं कहते हैं। गोस्वामीजी के साहित्य का उनसे बड़ा जानकार—विशेषकर रामायण का, भारतवर्ष में नहीं, यह श्रद्धापूर्वक मानते हैं। सुननेवाले ज्यादातर विद्यार्थी हैं, जो भरसक गुरु के यहाँ भोजन करके विद्याध्ययन करने काशी आते हैं। कुछ साधारण जन हैं, जिन्हें असमय पर मुफ्त दवा की जरूरत पड़ती है। दो-चार ऐसे भी आदमी, जो काम तो साधारण करते हैं, पर असाधारण आदमियों में गप लड़ाने के आदी हैं। मजे की महफिल लगती है। कुछ महीने हुए, शास्त्रीजी की तीसरी पत्नी का असच्चिकित्सा के कारण देहान्त हो गया है। बड़े आदमी की तलाश में मिलनेवाले अपने मित्रों से शास्त्रीजी बिना पत्नीवाली अड़चनों का बयान करते हैं, और उतनी बड़ी गृहस्थी आठाबाठा जाती है—इसके लिए विलाप। सुपात्र सरयूपारीण ब्राह्मण हैं; मामखोर सकुल।

पं. रामखेलावनजी बनारस में एक ऐसे मित्र के यहाँ आकर ठहरे, जो वैद्यजी के पूर्वोक्त प्रकार के मित्र हैं। रामखेलावनजी लड़की के ब्याह के लिए आए हैं, सुनकर मित्र ने उन्हें ऊपर ही लिया, और शास्त्रीजी की तारीफ करते हुए कहा, सुपात्र बनारस शहर में न मिलेगा। शास्त्रीजी की तीसरी पत्नी अभी गुजरी हैं; फिर भी उम्र अभी अधिक नहीं, जवान हैं। शास्त्री, वैद्य, सुपात्र और उम्र भी अधिक नहीं—सुनकर पं. रामखेलावनजी ने मन-ही-मन बाबा विश्वनाथ को दंडवत् की और बाबा विश्वनाथ ने हिन्दू-धर्म के लिए क्या-क्या किया है, इसका उन्हें स्मरण दिलाया—वह भक्तवत्सल आशुतोष हैं, यह यहीं से विदित हो रहा है—मर्यादा की रक्षा के लिए अपनी पुरी में पहले से वर लिए बैठे हैं—आने के साथ मिला दिया। अब यह बन्धन न उखड़े, इसकी बाबा विश्वनाथ को याद दिलाई।

पं. रामखेलावनजी के मित्र पं. गजानन्द शास्त्री के यहाँ उन्हें लेकर चले। जमींदार पर एक धाक जमाने की सोची; कहा, "लेकिन बड़े आदमी हैं, कुछ लेन-देनवाली पहले से कह दीजिए, आखिर उनकी बराबरी के लिए कहना ही पड़ेगा कि जमींदार हैं।"

“जैसा आप कहें।”

“कुल मिलाकर तीन हजार तो दीजिए, नहीं तो अच्छा न लगेगा।”

“इतना तो बहुत है।”

“ढाई हजार ? इतने से कम में न होगा। यह दहेज की बात नहीं, बनाव की बात है।”

“अच्छा, इतना कर दिया जाएगा। लेकिन विवाह इसी लगन में हो जाना चाहिए।”

मित्र चौंका। सन्देह मिटाने के लिए कहा, “भई, इस साल तो नहीं हो सकता।”

पं. रामखेलावनजी घबराकर बोले, “आप जानते ही हैं, ग्यारह साल के बाद लड़की जितना ही पिता के यहाँ रहती है, पिता पर पाप चढ़ता है। पन्द्रह साल की है। सुन्दर जोड़ी है। लड़की अपने घर जाए, चिन्ता कटे। जमाना दूसरा है।”

मित्र को आशा बँधी। सहानुभूतिपूर्वक बोले, “बड़ा जोर लगाना पड़ेगा, अगले साल हो तो बुरा तो नहीं ?”

पं. रामखेलावनजी चलते हुए रुककर बोले, “अब इतना सहारा दिया है, तो खेवा पार ही कर दीजिए। बड़े आदमी ठहरे, कोई हमसे भी अच्छा तब तक आ जाएगा।”

मित्र को मजबूती हुई। बोले, “उनकी स्त्री का देहान्त हुआ है, अभी साल भी पूरा नहीं हुआ। बरखी से पहले मंजूर न करेंगे। लेकिन एक उपाय है, अगर आप करें।”

“आप जो भी कहें, हम करने को तैयार हैं, भला हमें ऐसा दामाद कहाँ मिलेगा ?”

“बात यह है कि कुल सराधें एक ही महीने में करवानी पड़ेंगी, और फिर ब्रह्मभोज भी तो है, और बड़ा। कम-से-कम तीन हजार खर्च होंगे। फिर तत्काल विवाह। आप हजार रुपए भी दीजिए, पर उन्हें नहीं। अरे रे !...इसे वह अपमान समझेंगे। हम दें। इससे आपकी इज्जत बढ़ेगी, और आखिर हमें बढ़कर उनसे कहना भी तो है कि बराबर की जगह है ? हजार जब उनके हाथ पर रखेंगे कि आपके ससुरजी ने बरखी के खर्च के लिए दिए हैं, तब यह दस हजार के इतना होगा, यही तो बात थी। वह भी समझेंगे।”

पं. रामखेलावनजी दिल से कसमसाए, पर चारा न था। उतरे गले से कहा, "अच्छी बात है।"

मित्र ने कहा, "तो रुपए कब तक भेजिएगा ? अच्छा, अभी चलिए, देख लीजिए। विवाह की बातचीत न कीजिएगा, नहीं तो निकाल ही देंगे। समझिए—पत्नी मरी हैं।'

रामखेलावनजी दबे। धीरे-धीरे चलते गए। "लड़की कुछ पढ़ी भी है ?—पढ़ती थी—तीन साल हुए, जब मैं गया था, गवाही थी—मौका देखने के लिए ?" मित्र ने पूछा।

"लड़की तो सरस्वती है। आपने देखा ही है। संस्कृत पढ़ी है।"

"ठीक है। देखिए, बाबा विश्वनाथ हैं।" मित्र की तरह पर उतरे गले से कहा।

रामखेलावनजी डरे कि बिगाड़ न दे। दिल से जानते थे, बदमाश है, उनकी तरफ से झूठी गवाही दे चुका है रुपए लेकर; लेकिन लाचार थे; कहा, "हम तो आपमें बाबा विश्वनाथ को ही देखते हैं। यह काम आपका बनाया बनेगा।"

मित्र हँसा। बोला, "कह तो चुके। गाढ़े में काम न दे, वह मित्र नहीं—दुश्मन है।" सामने देखकर, "वह शास्त्रीजी का ही मकान है, सामने।" था वह किराए का मकान। अच्छी तरह देखकर कहा, "हैं नहीं बैठक में; शायद पूजा में हैं।"

दोनों बैठक में गए। मित्र ने पं. रामखेलावनजी को आश्वासन देकर कहा, "आप बैठिए। मैं बुलाए लाता हूँ।"

पं. रामखेलावनजी एक कुर्सी पर बैठे। मित्रवर आवाज देते हुए जीने पर चढ़े।

जिस तरह मित्र ने यहाँ रोब गाँठा था, उसी तरह शास्त्रीजी पर गाँठना चाहा। वह देख चुका था, शास्त्री खिजाब लगाते हैं, अर्थ—विवाह के सिवा दूसरा नहीं। शास्त्रीजी बढ़-बढ़कर बातें करते हैं, यह मौका बढ़कर बातें करने का है। उसका मन्त्र है, काम निकल जाने पर बेटा बाप का नहीं होता। उसे काम निकालना है।

शास्त्रीजी ऊपर एकान्त में दवा कूट रहे थे। आवाज पहचानकर बुलाया। मित्र ने पहुँचने के साथ देखा—खिजाब ताजा है। प्रसन्न होकर बोला, "मेरी मानिए, तो वह ब्याह कराऊँ, जैसा कभी किया

न हो, और बहू अप्सरा, संस्कृत पढ़ी, रुपया भी दिलाऊँ।''

शास्त्रीजी पुलकित हो उठे। कहा, ''आप हमें दूसरा समझते हैं ?—इतनी मित्रता—रोज की उठक-बैठक, आप मित्र ही नहीं—हमारे सर्वस्व हैं। आपकी बात न मानेंगे तो क्या रास्ता चलते की मानेंगे ?—आप भी !''

''आपने अभी स्नान नहीं किया शायद ? नहाकर चन्दन लगाकर अच्छे कपड़े पहनकर नीचे आइए। विवाह करनेवाले जमींदार साहब हैं। वहीं परिचय कराऊँगा। लेकिन अपनी तरफ से कुछ कहिएगा मत, नहीं तो बड़ा आदमी है, भड़क जाएगा। घर की शेखी में मत भूलिएगा। आप जैसे उनके नौकर हैं। हाँ, जन्म-पत्र अपना हर्गिज न दीजिएगा। उम्र का पता चला तो न करेगा। मैं सब ठीक कर दूँगा। चुपचाप बैठे रहिएगा। नौकर कहाँ है ?''

''बाजार गया है।''

''आने पर मिठाई मँगवाइएगा। हालाँकि खाएगा नहीं। मिठाई से इनकार करने पर नमस्कार करके सीधे ऊपर का रास्ता नापिएगा। मैं भी यह कह दूँगा, शास्त्रीजी ने आधे घंटे का समय दिया है।''

शास्त्री गजानन्दजी गद्‌गद हो गए। ऐसा सच्चा आदमी यह पहला मिला है, उनका दिल कहने लगा। मित्र नीचे उतरा और मित्र से गम्भीर होकर बोला, ''पूजा में हैं, मैं तो पहले ही समझ गया था। दस मिनट के बाद आँख खोली, जब मैंने घण्टी टिनटिनाई। जब से स्त्री का देहान्त हुआ है, पूजा में ही तो रहते हैं। सिर हिलाकर कहा—चलो। देखिए, बाबा विश्वनाथ ही हैं। हे प्रभो ! शरणागतशरण ! तुम्हीं हो—बाबा विश्वनाथ !'' कहते हुए मित्र ने पलकें मूँद लीं।

इसी समय पैरों की आहट मालूम दी। देखा, नौकर आ रहा था। डाँटकर कहा, ''पंखा झल। शास्त्रीजी अभी आते हैं।''

नौकर पंखा झलने लगा। वैद्य का बैठक था ही। पं. रामखेलावनजी प्रभाव में आ गए। आधे घंटे बाद जीने में खड़ाऊँ की खटक सुन पड़ी। मित्र उठकर हाथ जोड़कर खड़ा हो गया—उँगली के इशारे पं. रामखेलावनजी को खड़े हो जाने के लिए कहकर। मित्र की देखा-देखी पण्डितजी ने भी भक्तिपूर्वक हाथ जोड़ लिए। नौकर अचम्भे से देख रहा था। ऐसा पहले नहीं देखा था।

शास्त्रीजी के आने पर मित्र ने घुटने तक झुककर प्रणाम किया। पं. रामखेलावनजी ने भी मित्र का अनुसरण किया। "बैठिए, गदाधरजी," कोमल सभ्य कंठ से कहकर गजानन्दजी अपनी कुर्सी पर बैठ गए। वैद्यजी की बढ़िया गद्दीदार कुर्सी बीच में थी। पं. रामखेलावनजी आश्चर्य और हर्ष से देख रहे थे। आश्चर्य इसलिए कि शास्त्रीजी बड़े आदमी तो हैं ही, उम्र भी अधिक नहीं, 25 से 30 कहने की हिम्मत नहीं पड़ती।

शास्त्रीजी ने नौकर को पान और मिठाई ले आने के लिए भेजा और स्वाभाविक बनावटी विनम्रता के साथ मित्रवर गदाधर से आगन्तुक अपरिचित महाशय का परिचय पूछने लगे। पं. गदाधरजी बड़े उदात्त कंठ से पं. रामखेलावनजी की प्रशंसा कर चले, पर किस अभिप्राय से वह गए थे, यह न कहा। कहा, "महाराज ! आप एक अत्यन्त आवश्यक गृहधर्म से मुक्त होना चाहते हैं।"

पलकें मूँदते हुए, भावावेश में, शास्त्रीजी ने कहा, "काशी तो मुक्ति के लिए प्रसिद्ध है।"

"हाँ, महाराज !" मित्र ने और आविष्ट होते हुए कहा, "वह छूट तो सबसे बड़ी मुक्ति है, पर यह साधारण मुक्ति ही है, जैसे बाबा विश्वनाथ के परमसिद्ध भक्त स्वीकारमात्र से इस भव-बन्धन से मुक्ति दे सकते हैं," कहकर हाथ जोड़ दिए। पं. रामखेलावनजी ने भी साथ दिया।

हाँ, नहीं, कुछ न कहकर एकान्त धार्मिक दृष्टि को परम सिद्ध पं. गजानन्द शास्त्री पलकों के अन्दर करके बैठे रहे।

इसी समय नौकर पान और मिठाई ले आया। शास्त्रीजी ने खटाक से आँखें खोलकर देखा, नौकर को शुद्ध जल ले आने के लिए कहकर बड़ी नम्रता से पं. रामखेलावनजी को जलपान करने के लिए पूछा। पं. रामखेलावनजी दोनों हाथ उठाकर जीभ काटकर सिर हिलाते हुए बोले, "नहीं महाराज, नहीं, यह तो अधर्म है। चाहिए तो हमें कि आपकी सेवा करें, बल्कि आपके सेवा-सम्बन्ध में सदा के लिए..."

"अहाहा ! क्या कही !–क्या कही !" कहकर, पूरा दोना उठाकर एक रसगुल्ला मुँह में छोड़ते हुए मित्र ने कहा, "बाबा विश्वनाथजी के वर से काशी का एक-एक बालक अन्तर्यामी होता है,

फिर उनकी सभा के परिषद् शास्त्रीजी तो...''

शास्त्रीजी अभिन्न स्नेह की दृष्टि से प्रिय मित्र को देखते रहे। मित्र ने, स्वल्पकाल में रामभवन का प्रसिद्ध मिष्ठान्न उदरस्थ कर जलपान के पश्चात् मगही बीड़ों की एक नत्थी मुखव्यादान कर यथास्थान रखी। शास्त्रीजी विनयपूर्वक नमस्कार कर जीना तय करने को चले। उनके पीठ फेरने पर मित्र ने रामखेलावनजी को पंजा दिखाकर हिलाते हुए आश्वासन दिया। शास्त्रीजी के अदृश्य होने पर इशारे से पं. रामखेलावनजी को साथ लेकर वासस्थल की ओर प्रस्थान किया।

रामखेलावनजी के मौन पर शास्त्रीजी का पूरा-पूरा प्रभाव पड़ चुका था। कहा, ''अब हमें इधर से जाने दीजिए; कल रुपए लेकर आएँगे। लेकिन इसी महीने विवाह हो जाएगा।''

''इसी महीने—इसी महीने,'' गम्भीर भाव से मित्र ने कहा, ''जन्मपत्र लड़की का लेते आइएगा। हाँ, एक बात और है। बाकी डेढ़ हजार में बारह सौ का जेवर होना चाहिए—नया। आइएगा, हम खरीदवा देंगे,'' दल्लाजी की सोचते हुए कहा, ''आपको ठग लेना। आप इतना तो समझ गए होंगे कि इतने के बिना बनता नहीं, तीन सौ रुपए रह जाएँगे। खिलाने-पिलाने और परजों को देने को बहुत हैं। बल्कि कुछ बच जाएगा आपके पास। फिजूल खर्च हो, यह मैं नहीं चाहता। इसीलिए, ठोस-ठोस कामवाला खर्च कहा। अच्छा, नमस्कार !''

शास्त्रीजी का ब्याह हो गया। सुपर्णा पति के साथ है। शास्त्रीजी ब्याह करते-करते कोमल हो गए थे। नवीना सुपर्णा को यथाभ्यास सब प्रकार प्रीत रखने लगे।

बाग से लौटने पर सुपर्णा के हृदय में मोहन के लिए क्रोध पैदा हुआ। घरवालों ने सख्त निगरानी रखने के अलावा, डर के मारे उससे कुछ नहीं कहा। उसने भी विरोध किए बिना विवाह के बहाव में अपने को बहा दिया। मन में यह प्रतिहिंसा लिए हुए कि मोहन इस बहते में मिलेगा। और उसे हो सकेगा तो उचित शिक्षा देगी। शास्त्रीजी को एकान्त भक्त देखकर मन में मुस्कुराई।

सुपर्णा का जीवन शास्त्रीजी के लिए भी जीवन सिद्ध हुआ। शास्त्रीजी अपना कारोबार बढ़ाने लगे। सुपर्णा को वैदक की अनूदित हिन्दी पुस्तकें देने लगे, नाड़ी-विचार चर्चा आदि करने लगे। उस आग में तृण की तरह जल-जलकर जो प्रकाश देखने लगे, वह मर्त्य में उन्हें दुर्लभ मालूम दिया। एक दिन श्रीमती गजानन्द शास्त्रिणी के नाम से स्त्रियों के लिए बिना फीसवाला रोग परीक्षणालय खोल दिया—इस विचार से कि दवा के दाम मिलेंगे, फिर प्रसिद्धि होने पर फीस भी मिलेगी।

लेकिन ध्यान से सुपर्णा के पढ़ने का कारण कुछ और है। शास्त्रीजी अपनी मेज की सजावट तथा प्रतीक्षा करते रोगियों के समय काटने के विचार से 'तारा' के ग्राहक थे। एक दिन सुपर्णा 'तारा' के पन्ने उलटने लगी। मोहन की एक रचना छपी थी। यह उसकी पहली प्रकाशित कविता थी। विषय था—'व्यर्थ प्रणय'। बात बहुत कुछ मिलती थी। लेकिन कुछ निन्दा थी—जिस प्रेम से कवि स्वर्ग से गिरा जाता है—उसकी। काव्य की प्रेमिका का उसमें वही प्रेम दर्शाया गया था। सुपर्णा चौंकी। फिर संयत हुई और नियमित रूप से 'तारा' पढ़ने लगी।

एक साल बीत गया। अब सुपर्णा हिन्दी में मजे में लिख लेती है। मोहन से उसका हाड़-हाड़ जल रहा था। एक दिन उसने पातिव्रत्य पर एक लेख लिखा। आजकल के छायावाद के सम्बन्ध में भी पढ़ चुकी थी और बहुत कुछ अपने पति से सुन चुकी थी। काशी हिन्दी के सभी वादों की भूमि है। प्रसाद काशी के ही हैं। उनके युवक पाठक शिष्य अनेक शास्त्रियों को बना चुके हैं। पं. गजानन्द शास्त्री गंगा नहाते समय कई बार तर्क कर चुके हैं, उत्तर भी भिन्न मुनि के भिन्न मत की तरह अनेक मिल चुके हैं। एक दिन शास्त्रीजी के पूछने पर एक ने कहा, "छायावाद का अर्थ है शिष्टतावाद; छायावादी का अर्थ है सुन्दर साफ वस्त्र और शिष्ट भाषा धारण करनेवाला; जो छायावादी है, वह सुवेश और मधुरभाषी है; जो छायावादी नहीं है, वह काशी के शास्त्रियों की तरह अँगोछा पहननेवाला है या नंगा है।" दूसरे दिन दो थे। नहा रहे थे। शास्त्रीजी भी नहा रहे थे। "छायावाद क्या है ?" शास्त्रीजी ने पूछा। उन्होंने शास्त्रीजी को गंगा में गहरे ले जाकर डुबाना शुरू किया, जब कई

कुल्ले पानी पी गए, तब छोड़ा; शिथिल होकर शास्त्रीजी किनारे आए, तब लड़कों ने कहा, "यही है छायावाद !" फलतः शास्त्रीजी छायावाद और छायावादी से मौलिक घृणा करने लगे थे, और जिज्ञासु षोडशी प्रिया को समझाते रहे कि छायावाद वह है, जिसमें कला के साथ व्यभिचार किया जाता है तरह-तरह से। आइडिया के रूप में, सुपर्णा-जैसी ओजस्विनी लेखिका के लिए इतना बहुत था। आदि से अन्त तक उसके लेख में प्राचीन पतिव्रतधर्म और नवीन छायावादी व्यभिचार प्रचारक के कंठ से बोल रहा था। शास्त्रीजी ने कई बार पढ़ा और पत्नी को सती समझकर मन-ही-मन प्रसन्न हुए। वह लेख सम्पादकजी के पास भेजा गया। सम्पादकजी लेखिका-मात्र को प्रोत्साहित करते हैं ताकि हिन्दी की मरुभूमि सरस होकर आबाद हो, इसलिए लेख या कविता के साथ चित्र भी छापते हैं। शास्त्रिणीजी को लिखा। प्रसिद्धि के विचार से शास्त्रीजी ने एक अच्छा-सा चित्र उतरवाकर भेज दिया। शास्त्रिणीजी का दिल बढ़ गया। साथ उपदेश देनेवाली प्रवृत्ति भी।

इसी समय देश में आन्दोलन शुरू हुआ। पिकेटिंग के लिए देवियों की आवश्यकता हुई—पुरुषों का साथ देने के लिए भी। शास्त्रिणीजी के मार्फत शास्त्रीजी का व्यवसाय अब तक भी न चमका था। शास्त्रीजी ने पिकेटिंग में जाने की आज्ञा दे दी। इसी समय महात्माजी बनारस होते हुए कहीं जा रहे थे, कुछ घंटों के लिए उतरे। शास्त्रीजी की सलाह से एक जेवर बेचकर, शास्त्रिणीजी ने दो सौ रुपए की थैली उन्हें भेंट की। तन, मन और धन से देश के लिए हुई उस सेवा का साधारण जनता पर असाधारण प्रभाव पड़ा। सब धन्य-धन्य क़हने लगे। शास्त्रिणीजी पूरी तत्परता से पिकेटिंग करती रहीं। एक दिन पुलिस ने दूसरी स्त्रियों के साथ उन्हें भी लेकर एकान्त में, कुछ मील शहर से दूर, सन्ध्या समय, छोड़ दिया। वहाँ से उनका मायका नजदीक था। रास्ता जाना हुआ। लड़कपन नें वहाँ तक वह खेलने जाती थीं। पैदल मायके चली गईं। दूसरी देवियों से नहीं कहा, इसलिए कि ले जाना होगा और सबके लिए वहाँ सुविधा न होगी। प्रातःकाल देवियों की गिनती में यह एक घटीं, संवादपत्रों ने हल्ला मचाया। ये तीन दिन बाद विश्राम लेकर मायके से लौटीं, और शोक-सन्तप्त पतिदेव को और उच्छृंखल रूप से बड़बड़ाते हुए

संवादपत्रों को शान्त किया—प्रतिवाद लिखा कि सम्पादकों को इस प्रकार अधीर नहीं होना चाहिए।

आन्दोलन के बाद इनकी प्रैक्टिस चमक गई। बड़ी देवियाँ आने लगीं। बुलावा भी होने लगा। चिकित्सा के साथ लेख लिखना भी जारी रहा। यह बिलकुल समय के साथ थीं। एक बार लिखा—'देश को छायावाद से जितना नुकसान पहुँचा है, उतना गुलामी से नहीं।' इनके विचारों का आदर नीम-राजनीतिज्ञों में क्रमशः जोर पकड़ता गया। प्रोग्रेसिव राइटर्स ने भी बधाइयाँ दीं और इनकी हिन्दी को आदर्श मानकर अपनी सभा में सम्मिलित होने के लिए पूछा। अस्तु शास्त्रिणीजी दिन-पर-दिन उन्नति करती गईं। इस समय नया चुनाव शुरू हुआ। राष्ट्रपति ने कांग्रेस को वोट देने के लिए आवाज उठाई। हर जिले से कांग्रेस उम्मीदवार खड़े हुए। देवियाँ भी। वे मर्दों के बराबर हैं। शास्त्रिणीजी भी जौनपुर से खड़ी होकर सफल हुईं। अब उनके सम्मान की सीमा न रही। एम.एल.ए. हैं। 'कौशल' में उनके निबन्ध प्रकाशित होते थे। लखनऊ आने पर 'कौशल' के प्रधान सम्पादक एक दिन उनसे मिले और 'कौशल' कार्यालय पधारने के लिए प्रार्थना की। शास्त्रिणीजी ने गर्वित स्वीकारोक्ति दी।

'कौशल'-कार्यालय सजाया गया। शास्त्रिणीजी पधारीं। मोहन एम.ए. होकर यहाँ सहकारी है, लेकिन लिखने में हिन्दी में अकेला। शास्त्रिणीजी ने देखा। मोहन ने उठकर नमस्कार किया। "आप यहाँ ?" शास्त्रिणीजी ने प्रश्न किया।

"जी हाँ," मोहन ने नम्रता से उत्तर दिया, "यहाँ सहायक हूँ।"

शास्त्रिणीजी उद्धत भाव से हँसीं। उपदेश के स्वर में बोलीं, "आप गलत रास्ते पर थे !"

सखी

आज थिएटर जाने की बात है। मॉडल हौसेज की छात्रा-तरुणियों में निश्चय हो गया है, सब एक साथ जाएँगी। निर्मला, माधवी, कमला, ललिता, शुभा और श्यामा आदि सज-सजकर एक-दूसरी से मिलती हुई एकत्र होने लगीं। कमला के मकान में पहले से सबके मिलने का निश्चय हो चुका था। ज्योतिर्मयी उर्फ जोत अभी नहीं आई। समय थिएटर जाने का करीब आ गया।

ललिता बोली, ''वह आज कॉलेज में इतनी खुश थी कि अवकाशवाली लड़कियों से गप लड़ाती, मजाक करती हुई, समय से पहले घर चली आई थी। पूरे उच्छ्वास से थिएटर चलना स्वीकार किया था। मैंने पूछा भी कि क्या है, जो आज जमीन पर कदम नहीं पड़ रहे हैं। जवाब न देकर मेरी ओर देखकर हँसने लगी।''

शुभा : ''तो क्लास नहीं किया ?''

''ना,'' ललिता बोली।

श्यामा : ''मुझसे कहा कि पढ़ना-लिखना तो अब यहीं तक समझो।''

निर्मला : "क्यों, उसे कोई अड़चन तो है नहीं; फिर पढ़ाई क्यों बन्द कर रही है ?"

श्यामा हँसने लगी। बोली, "वह कहती है, अब पढ़ना छोड़कर पढ़ाना पड़ेगा, इसकी तैयारी करनी है।"

सब हँसती हुई एक-दूसरी की ओर देखने लगीं।

माधवी : "इसका मतलब ?"

श्यामा हँसकर बोली, "उसे बड़ी चिन्ता है कि शिक्षा आई.सी.एस. है।"

"अच्छा," कई एक साथ कह उठीं, "यह बात है !"

ललिता : "तो चलो, उसी के मकान से चला जाए। देखें, आपने अपनी तैयारी में कहाँ तक तरक्की की ?"

सब जोत के मकान चलीं। सब आइसाबेला थार्बन कॉलेज की छात्राएँ हैं। कोई तीसरे, कोई चौथे, कोई छठे साल में है। जोत का तीसरा साल है।

घर पहुँचकर दंगल-का-दंगल जोत के कमरे में पैठा। वह जैसी जोत है, उसका पहनावा भी वैसा ही जगमगाता हुआ था। उस समय वह आइने के सामने खड़ी मुस्कुरा रही थी। एकाएक संगिनियों को देखकर लजा गयी। बोली, "मुझे जरा देर हो गई।" वजह कोई न थी। सोचकर कुछ कह दे, हृदय और मस्तिष्क में उतनी जगह न थी...एक अजीब भाव में सारी देह भरी हुई थी, अतः देर के लिए दबनेवाले स्वर में भी उच्छ्वास उमड़ रहा था।

श्यामा बोली, "अब तो हर काम के लिए देर होगी। जल्दबाजी सिर्फ खास विद्यार्थी को अवैतनिक पढ़ाने के वक्त हो तो हो।"

सब हँसने लगीं। ललिता ने देखा—मेज पर एक खुला अँगरेजी लिफाफा पड़ा हुआ है। उठा लिया।

उठाते ही जोत तीर-सी ललिता पर टूटी। पर श्यामा ने पकड़ लिया, "अरे-अरे, अभी से। अभी तो पढ़ने की दरख्वास्त मंजूर होने को आई होगी।"

ललिता ऊँचे स्वर से पढ़ने लगी। श्यामा जोत को पकड़े रही। चिट्ठी अँगरेजी में थी। आवश्यकता से अधिक लम्बी। बायरन, शेली आदि के उद्धरण थे ही, विद्यापति भी नहीं बचे थे। पकड़ी हुई जोत खुशी में छलक रही थी।

पत्र समाप्त कर सब चलने को हुईं, अमीनाबाद से ताँगे कर लेंगी, एक जोत की मोटर में सब अट नहीं सकतीं, क्योंकि सामने ड्राइवर की वजह से सीट खाली रहेगी।

जोत को लीला की याद आई। बोली, ''भई, लीला रही जाती है, उसे भी ले लें।''

''उससे चलने की बात तो हुई नहीं, वह शायद ही जाए,'' माधवी बोली।

''पक्की कंजूस है। पैसा दाँत से पकड़ती है !'' श्यामा ने कहा, ''सौ रुपए कम-से-कम ट्यूशन से पाती है, पर हालत देखो, तो मालूम होगा महादरिद्र।''

जोत लजाकर बोली, ''तुम्हें तो उसका जीवन-चरित्र लिखने को मिले, तो चौपट करके छोड़ो। हमारे कॉलेज में एक ही कैरेक्टर है। कहो तो, उसके यहाँ पैदा करनेवाला कौन है ? ट्यूशन से अपना खर्च चलाती है, छोटे भाइयों को भी पढ़ाती है, साथ घर का खर्च भी है। बूढ़ी माँ को कोई तकलीफ न हो, इसके लिए बेचारी कितना खटती है ! मेहनत की मारी सूखकर काँटा हो रही है। चेहरे में आँखें ही आँखें तो हैं।''

लीला का घर आ गया। सब भीतर धँस गईं। लीला पढ़ रही थी।

जोत ने हाथ से किताब छीन ली, थप से मेज पर रखकर बोली, ''मिस लैला, मजनू के मजमून में दीवानी न बनो। प्रेम का परिणाम बुरा होता है प्यारी ! चलो, कलकत्ते से पारसी कम्पनी आई हुई है, वहाँ हम लोग धार्मिक शिक्षा ग्रहण करें।''

लीला जोत से दो साल आगे एम.ए. में है। जोत चंचल है। लीला क्षमा करती है। बड़ी-बड़ी सकरुण आँखों से देखती हुई बोली, ''भाई, तुम लोग जाओ। मुझे इतना समय कहाँ ?''

''समय नहीं, पैसे कहो।'' श्यामा बोली।

''अच्छा, पैसे सही। कॉलेज के अलावा पाँच घंटे पढ़ाती हूँ। डॉक्टर साहब बड़े आदमी हैं। लड़कियों की पढ़ाई के लिए साठ देते हैं। मेरी हालत भी जानते हैं। तअल्लुकदार रघुनाथसिंह की नई पत्नी को पढ़ाती हूँ, चालीस वहाँ मिलते हैं। इसी में घर का कुल खर्च है।

इतने के बाद अपने पढ़ने के लिए भी समय निकालना पड़ता है। दिक्कत तुम लोग समझ सकती हो। ऐसी हालत में समय और पैसों की मुझे कितनी तंगदस्ती हो सकती है।''

''अच्छा, महाशयाजी, चलिए,'' जोत बोली, ''आपके लिए फ्री पास का प्रबन्ध हो जाएगा।''

''तुम तो आज म्यान से निकली तलवार-सी चमक रही हो जोत ! क्या खुशी है ?'' लीला ने धीरे स्नेह-कंठ से पूछा।

''महाशयाजी, जो किसी के हलक से नीचे उतरकर सिर चढ़ी हो, वह शराब हैं यह अब,'' मुस्कुराकर शुभा ने कहा।

''नहीं,'' कमला बोली, ''अभी तो—देख लो न, इनकी तरफ—होंठों पर हँसी, आबरू पर खम, इसलिए इकरार भी है, इनकार भी है।''

''बात क्या है ?'' अनजान की तरह देखते हुए लीला ने पूछा।

''पूरा रहस्यवाद उर्फ छायावाद।'' निर्मला ने कहा, ''वाद-विवाद में देर हो रही है। प्रकाशवाद यह है कि इनके पास मिस्टर श्यामलाल आई.सी.एस. का पत्र आया है कि आप अगर मंजूर करें, आपको अपना सर्वस्व—तीन हजार मासिक—प्रेम की पर्मानेण्ट शिक्षा के लिए देकर मिस्ट्रेस बनने की प्रार्थना करता हूँ। अब तो आया समझ में ?''

''तो क्या तुम्हारे पिताजी राजी हो गए ?'' लीला ने जोत से पूछा।

''खूब कही !'' जोत बोली, ''जहाँ आई.सी.एस. वर मिलता हो, वहाँ पिताजी खुद ब्याह करने को तैयार हो जाएँ।''

कमरा खिलखिलाहट से गूँज उठा।

''तुम लोग भई जाओ, माफ करो, मुझे समय नहीं।''

''नहीं महाशयाजी, आप तो फर्स्ट क्लास लें और हम लोग वहीं पैर रगड़ते रहें, ऐसा नहीं होने का। आपको चलना होगा, कपड़े बदलिए।''

जोत लीला को प्यार करती है, सम्मान भी देती है। लीला भी जानती है, जोत की खुली जबान में हृदय की कीमती बहुत-सी चीजें खुली रहतीं हैं। इसलिए उसका प्रस्ताव मंजूर कर, कपड़े बदलकर साथ चल दी।

तीन बजे से पहले ही लीला का क्लास खत्म हो जाता है। वहाँ से वह तअल्लुकदार साहब की पत्नी को पढ़ाने के लिए भैंसाकुंड जाया करती है। रोज बहुत चलना पड़ता है। किसी तरह साइकिल खरीद सकती है, पर सीखने की लाज कि मैदान में मर्दों के सामने बेहयाई होगी, कौन पकड़कर चलाएगा, गिरूँगी तो लोग हँसेंगे—आदि-आदि बाधक होती है। इसलिए चलने की काफी मेहनत गवारा करती है।

भैंसाकुंड से साढ़े पाँच-छह के करीब लौटती हुई कई रोज से देखती है—दो मुसलमान उसका पीछा करते हैं। वे आपस में न जाने क्या बातचीत करते हैं। कभी-कभी पास आ जाते हैं। हृदय धड़कने लगता है। पर वह जल्द-जल्द चली आती है। ज्यों-ज्यों तेज चलती है, वे भी त्यों-त्यों तेज पीछा करते हैं। किसको कहे ? भैंसाकुंड का बहुत-सा रास्ता बँगलों तथा बगीचों के कारण सुनसान निर्जन रहता है। धड़कते कलेजे से साधारण बस्ती के पास आकर साँस लेती है।

मन-ही-मन अपनी असमर्थता पर लीला को बड़ा क्षोभ हुआ। दुर्बलों को सब सताते हैं। पर आप ही शान्त हो जाना पड़ा, क्योंकि अपनी हद में वही अपना उपाय सोचनेवाली थी। माता से नहीं कहा कि कहीं वह रोक न दें, खर्च के लिए फिर क्या होगा ?

एक दिन लौटते हुए उन्हीं में एक को अश्लील बकते हुए सुना, जैसे सुनाकर बातें कही जा रही हों। वह तेज कदम चलने लगी। वे भी उसी हिसाब से बढ़ते गए। तीन ही चार हाथ का फासला था। ऐसे समय उनके साहस की ऐसी बात उसने सुनी, जो उसकी मर्यादा के प्रतिकूल थी। भय से एक प्रकार दौड़ने लगी। सामने एक हैट-कोट पहने देशी साहब आते हुए देख पड़े। लीला उनकी तरफ कुछ तेज बढ़ी। उन्हें देखकर बदमाश लौट गए। लीला उनके पास पहुँचकर हाँफती हुई बोली, "आज कई रोज से दो बदमाश मेरा पीछा करते हैं। मैं तअल्लुकदार रघुनाथसिंह की पत्नी को पढ़ाने जाती हूँ। लौटते समय राह पर मिल जाते हैं। मुझे ऐसी-ऐसी बातें आज कहीं..." कहकर अपने को सँभालने लगी।

बिजली की रोशनी में बड़ी-बड़ी आँखों से आँसू गिरते हुए देखकर साहब क्रोध से रास्ते की ओर देखने लगे। बोले, "वे लोग मुझे देखकर भाग गए शायद। यह सामने मेरा ही बँगला है। आइए, आपको मोटर पर भेज दूँ। कोई डर की बात नहीं।" साहब सोचते

चले, पीछे-पीछे लीला।

अहाते के भीतर बगीचे के पास साहब खड़े हो गए। बँगले के सामने की बिजली से लीला का दुबला सुन्दर कुछ लम्बा गोरा मुख, बड़ी-बड़ी आँखें दीख रही हैं। साहब ने दुख के कारण चित्र का सौन्दर्य देखकर पूछा, "आपका शुभ नाम ?"

"मुझे लीला कहते हैं," निगाह झुकाती हुई लीला बोली।

"आप ही को अपनी सँभाल करनी पड़ती है, आप...आप शादीशुदा तो हैं ?"

"जी नहीं, मैं आइसाबेला थार्बन कॉलेज की छात्रा हूँ।"

"किस क्लास में आप हैं ?"

"एम.ए. में।" धीमे स्वर से कहकर समझ की लाज-भरी पलकें झुका लीं।

कुछ आग्रह से साहब ने पूछा, "आप ब्राह्मण हैं ?"

"जी नहीं, कायस्थ हूँ।"

"यहाँ कहाँ रहती हैं ?"

"मॉडेल हौसेज में।"

साहब कुछ चौंके। पूछा, "आपके वहाँ कोई ज्योतिर्मयी रहती हैं ? आपके कॉलेज की बी.ए. पहले साल की छात्रा हैं।"

लीला भी चौंकी। कुछ हिम्मत हुई। लजाकर पूछा, "जनाब का नाम ?"

"मुझे श्यामलाल कहते हैं।...अरे ए, कार तो ले आने को कह दे।"

लीला का संकोच बहुत कुछ दूर हो गया। बोली, "हाँ, आपका जिक्र मैंने सुना है।"

साहब की उत्सुकता बढ़ गई। बड़ी उतावली से पूछा, "कहाँ सुना ?"

लीला मुस्कुराई। कहा, "जोत की सखियों से, उसकी एक चिट्ठी देखी थी।"

साहब उतरे स्वरों में बोले, "उसका कोई जवाब अभी नहीं मिला। उनके पिताजी मेरे विलायत रहते समय मेरे पिताजी से मिले थे। मेरे पास उनका चित्र गया था। विलायत से लौटकर एक पत्र में मैंने लिखा था, अभी मैंने उन्हें देखा नहीं। तारीफ सुनी है," कहकर

साहब कुछ चिन्ता करने लगे।

मोटर आ गई।

मुस्कुराकर लीला ने वादा किया कि वह जोत से पत्र लिखने के लिए कहेगी। साहब आँखें झुकाए चुपचाप खड़े रहे। कुछ देर बाद बोले, ''नहीं, आप ऐसा कुछ मत कहें।'' फिर मोटर पर चढ़ने के लिए लीला को आमन्त्रित किया।

नमस्कार कर लीला बैठ गई। मोटर चल दी।

तीसरे दिन बाबू श्यामलाल को जोत का उत्तर मिला। लिखा था :

'जनाब,

मैंने आपको जवाब इसलिए नहीं दिया कि जवाब देना सभ्यता के खिलाफ है। आज लीला दीदी से आपके मिलने की सांगोपांग बातें मालूम हुईं। जिस मजनू की जो लैला होती है, वह इसी तरह उसे अपने-आप मिलती है। अपनी लैला की आप हमेशा रक्षा करें, आपसे सविनय मेरी प्रार्थना है। तब मेरा और आपका रिश्ता और मधुर हो जाएगा, क्योंकि बहन जिसे ब्याहती है, वह अगर पत्नी की बहन को साली कह सकते हैं, तो पत्नी की बहन भी उन्हें वही पुरुष-सम्बोधन कर सकती है। आशा है, मेरा-आपका यह सम्बन्ध स्थायी होगा।

आपकी...'

प्रेमपूर्ण तरंग

बाबू प्रेमपूर्ण मेरे अभिन्न हृदय मित्र हैं। मेरे बी.ए. क्लास के छात्रों में आप ही सबसे वयोज्येष्ठ हैं। आपकी बुद्धि की नापतौल इस वाक्य से पाठक स्वयं कर लें कि जब मैं कॉलेज में भर्ती हुआ, तभी से आप कॉलेज की चौथे साल की पढ़ाई रट रहे हैं—गोया मेरे देखते-देखते बी.ए. की परीक्षा में तीन बार फेल हो चुके। किन्तु फिर भी आप प्रतिभा से प्रवंचित नहीं हैं। यदि किसी को उनकी प्रखरता की परीक्षा लेनी हो तो उनसे वाद-विवाद और चाहे वितंडावाद तक करके देख ले। उनके वाग्वाणों के अव्यर्थ सन्धान से प्रोफेसरों के भी हाथ से पुस्तक छूट पड़ती है—मारे भय के या मारे क्रोध के—यह बतावें तो वही बता सकते हैं। प्रेमपूर्ण को ऐसे और भी अनेक गुणों से आप पूर्ण पाइएगा। इन्हीं कारणों से हम लोगों ने आप ही के सिर पर लीडरी का सेहरा बाँधा है। किसी भी पराक्रमी तर्क-शिरोमणि की क्या मजाल जो हमारे प्रेमपूर्ण जैसे वाक्‌सिद्ध धुरन्धर विद्या-लवणार्णव के रहते छात्रालय के सरस्वती के सपूतों को नीचा दिखावे ! अगर कोई बुरी लत उनमें है तो वह है रोमेंस की तलाश। जब देखिए,

आप रोमेंस के भूखे ही रहे ! फेल होने का यह भी एक मुख्य कारण है। बिना 'रोमैंटिक' नॉवेल की कुछ पंक्तियों की आवृत्ति किए रात को आपकी आँख नहीं लगती। संक्षेप में, आप कई विचित्र भावों के आधार नहीं, पूर्णाधार हैं। सबसे उल्लेखनीय कौतुक तो यह है कि प्राचीन काल के नामों की तरह ज्योतिर्विदों ने आपका नाम गुणानुसार ही रखा है। बिहारी सतसई के हर एक दोहे को अपने छात्र-जीवन में ही सार्थकता की चरम सीमा तक पहुँचा दिया है। कदाचित् आप हिन्दी लिखना जानते होते तो बिहारी सतसई तथा अपर शृंगारी कवियों की कृति पर सजीव भाष्य लिख देते। फिर तो आपकी अनुदार मूर्ति से हिन्दी साहित्य का पिण्ड छुड़ाने के लिए लोग हिन्दी साहित्य-सम्मेलन के सभापति के आसन पर आपको प्रतिष्ठित करके सविनय कहते ही—खुलकर न सही, मन-ही-मन सही—कि 'प्रभो, अब 'दूरमपसर' साहित्य का सत्यानाश खूब किया आपने, बस, अब कृपा कीजिए !'

हम लोग प्रेमपूर्ण की प्रेम-कथा सुनते-सुनते ऊब गए थे। बंकिम बाबू ने अपने उपन्यासों में किसी नायक को एक से अधिक नायिका नहीं दी; हाँ, कहीं-कहीं अशुद्ध प्रेम को विशुद्ध या विशुद्ध को अशुद्ध करने के विचार से उन्होंने एक नायिका को दो-दो नायकों के प्रेम के कँटीले मार्ग पर चलाया है। (कदाचित एक नायिका के पीछे दो-दो नायकों को भी भिड़ाया है; हम इसकी कसम नहीं खाते। अस्तु) यही हाल शेक्सपीयर का भी है। परन्तु यहाँ तो एकमात्र नायक प्रेमपूर्ण के पीछे एक नहीं, दो नहीं, तीन नहीं, अगणित नायिकाएँ ! प्रेमपूर्ण के पास प्रतिदिन एक नई नायिका की चिट्ठी आती है। ताज्जुब तो यह कि इनकी सभी नायिकाएँ पढ़ी-लिखी होती हैं। किसी के पत्र में लिखा है—आपको देखकर जी व्याकुल है; किसी के पत्र में है—रात को नींद नहीं आती—करवटें बदलते-बदलते रात पार हो गई; किसी के पत्र में है—बिन देखे नहिं चैन। प्रेमपूर्ण से जब पूछिए, कहाँ चले यार मेरे ? तब यही एक उत्तर सुनिए कि इससे मिलने जा रहा हूँ—उससे मिलना है—पत्र आया है। प्रमाणस्वरूप पत्र खोलकर दिखा देते। वे कोई ऐसे-वैसे प्रेमी नहीं हैं कि मुँह छिपाते, दिल के बड़े पाक-साफ हैं। उनका अधिकांश समय इस प्रकार प्रेमिकाओं से मिलने में ही व्यतीत होता है। उनके फेल होने का

यह एक गौरवपूर्ण कारण है।

आज सुबह को मैं 'माधुरी' में प्रकाशित द्विवेदीजी का एक लेख पढ़ रहा था कि प्रेमपूर्ण हाथ में चिट्ठी लिए आ पहुँचे। झुककर लेख का शीर्षक देखते ही कहा, "उँः, क्या पढ़ते हो ! इस नीरस लेख में क्या रखा है ! जरा इधर देखो यह पत्र; पढ़ो तो, वह सरस शैली है कि पढ़ते ही मुग्ध हो जाओगे।" फौरन मेरी समझ में आ गया कि यह वही नित्य की क्रिया है। मैंने झुँझलाकर कहा, "जब तक मैं इस लेख को समाप्त न कर लूँगा, तब तक तुम्हारी चिट्ठी नहीं पढ़ सकता; यह विद्वान का लेख छोड़ दूँ और तुम्हारे पत्र में 'किसके कलेजे में कटार भोंका' देखूँ, क्यों न ?"

लेख समाप्त करके प्रेमपूर्ण की चिट्ठी पढ़ने लगा। लिखा था :

'जब से आपको देखा, तब से जी बेहाल है। यही आशा लगी है कि आप कब मिलेंगे। लिखने को तो बहुत जी चाहता है, परन्तु ज्यादा लिखूँगी तो आप भी क्या समझेंगे। लज्जावश हृदय के भाव प्रकट न कर सकी और प्रकट करना असम्भव भी है, आप सहृदय हैं, समझने में देर न होगी कि मैं किस हालत में हूँ। रथयात्रा के दिन बड़ा बाजार में मिलिए। अवश्य मिलिए, नहीं तो मैं जान पर खेल जाऊँगी। तरस-तरसकर मरने से एकदम कूच कर जाना कहीं अच्छा है।

मैं आपकी

सोमवार, आषाढ़ बदी एकादशी, 1979 —**तरंग'**

29, डीयर लेन, कलकत्ता

पत्र को मैंने ध्यान से पढ़ा। मेरी दृष्टि अन्त की चार पंक्तियों में अटकी। देखकर प्रेमपूर्ण बोले, "यह सब इस देव-दुर्लभ सौन्दर्य की करामात है बच्चू, समझे ?"

मैंने पूछा—और संग का असर बड़े-बड़े पर पड़ जाता है—कि "क्योंजी, तुमने कहीं वशीकरण तो नहीं सिद्ध कर लिया ? क्या बात है जो तुम्हारे पीछे स्त्रियाँ इस तरह हाथ धोकर पड़ जाती हैं ? कुछ हमें भी सिखाओ, तुम्हारा बड़ा जस मानूँगा, सच कहता हूँ !"

प्रेमपूर्ण : "क्या सिखावें ! तुम्हारे चेहरे पर कहीं लावण्य का नाम भी तो हो ? तुम्हें तो देखते ही 'शुष्कं काष्ठं तिष्ठत्यग्रे' की याद

आ जाती है। अगर मेरी तरह इस असार संसार में स्वच्छन्द विहार करना चाहो तो भरते जाओ रोमेंस के भाव, जब सिद्ध हो जाओगे तब तुम्हारा हृदय ही प्रेम का केन्द्र बन जाएगा। फिर तो चुम्बक पत्थर लोहे को—वह कहीं भी हो—आप खींच लेगा।''

मैं : ''ठीक है, तो सिद्ध कब तक हो सकूँगा ?''

प्रेमपूर्ण : ''इसकी कोई मीयाद नहीं। मेहनत जितनी ही करोगे, मजा भी उतना ही चखोगे।''

आज रथयात्रा का दिन है। कॉटन स्ट्रीट की कौन कहे, सेन्ट्रल एवेन्यू में भी गाड़ियों का ताँता ही ताँता देख पड़ता है। फुटपाथ न होते तो आदमियों का चलना मुश्किल था। कितने ही लोग तो केवल इसी सुभीते के कारण भीड़ की जाँच-पड़ताल और अखबारों के लिए समाचार-संग्रह करना छोड़ सरकार की भरमुँह तारीफ करने लगे। अनेक ने अनेक को यह कहते सुना, 'सर्कार दयालु दानी, देता है दया से दान।' इस उच्छ्वासमयी कविता को सुनते ही किसी समालोचक महोदय से न रहा गया, वे बोल उठे, ' 'सर्कार' की जगह यदि 'सर्कर' होता तो छन्द शुद्ध उतरता, 'सर्कार' शब्द कानों को कोंचता है।'

इधर प्रेमपूर्ण का और ही हाल था। पास तो उनके छदाम न था, लेकिन रोबदाब देखिए तो लखपति की भी शान को मात करते थे। वह ट्रेंगल्‌कट फैशनेबल बालों की बहार ! वह इलाहाबादी सिर पर लखनवी ठाठ-बाट से बनारसी टोपी ! आधुनिक सभ्यता के अदब से वह बैसाखी मुस्कुराहट ! नुकीली नाक पर वह चश्मा ! हरे-हरे ! हाथ में रिस्टवाच, पैरों में दिल्ली का कामदार जोड़ा ! कहाँ तक लिखें, गोया आपके चेहरे पर प्राच्य और पाश्चात्य भाव एक-दूसरे से सप्रेम आलिंगन कर रहे थे। पीछे चोटी और आगे इंग्लिश फैशन ! उधर कानों के दोनों बगल के बाल नदारद और इधर मूँछें हवा में हिलोरें ले रही थीं।

बेचारे ने तमाम मेला छान डाला पर कहीं कोई नहीं। किसी की मोटर निकलती, बग्घी आती, तो आपके प्रेम-पिपासु नेत्र स्वागत के लिए बढ़ जाते। किसी महिला की मोटर किले के मैदान की ओर

जाती तो आपकी मुरझाई हुई आशा की कली पर वासन्ती मलय का एक मधुर झोंका-सा लग जाता। हृदय में ध्वनि गूँज उठती, 'वह आयी।' उच्छ्वास का झोंका खाकर खिला हुआ प्रेमकुसुम प्रेमिका की सेवा में स्वीकृत होने के लिए जाता, परन्तु बदले में मिलती थी—घृणा, तिरस्कार और प्रत्याख्यान। इस तरह बेअदबी का नतीजा हाथोंहाथ मिल जाता था। परन्तु आदत तो बुरी बला होती है। दूसरे, आशा इतने सहज ही क्यों छूटने लगी ? एक न हुई तो दूसरी अवश्य होगी। बस, इसी विश्वास से एक दूसरी मोटर पर नजर डालते। वहाँ से भी चोट खाकर वापस आना पड़ता। यदि कलि-महाराज समय के सम्राट् न होते तो उस दिन आप पर जैसी मूसलाधार अग्निवर्षा हुई, उसे देखकर तो यही अनुमान होता है कि आप भस्म हुए बिना हरगिज न बचते। आपके बाप-दादों के बड़े भाग्य थे जो सही-सलामत घर पहुँच गए। घर पहुँचते ही प्रेमपूर्ण मुझसे सारी विपत्तियों का बयान करने लगे। इतने में डाकिया चिट्ठी लेकर आया। एक पत्र प्रेमपूर्ण का भी था। लिफाफे के हस्ताक्षरों पर नजर पड़ते ही उनके चेहरे पर दूनी रोशनी आ गयी। मैंने पूछा, "क्यों भई, क्या है जो मन-ही-मन खुश हो रहे हो ?"

वे वही रोमेंस की हँसी हँसकर बोले, "उसी का पत्र है, क्या लिखा है, सुनो :

हमारे प्यारे,

मेरे भाग्य ही खोटे थे जो रथयात्रा के दिन मैं आपसे नहीं मिल सकी। क्षमा कीजिएगा। आपकी सेवा में मैंने जो पत्र भेजा था, उसमें यह लिखना भूल गयी थी कि अमुक स्थान पर आपसे मैं मिलूँगी। यह मुझे तब मालूम हुआ जब मैंने आपके पत्र की दूसरी कॉपी देखी जो मेरे पास ही थी। अब आप मुझसे अलफ्रेड थिएटर में, फर्स्ट क्लास में, कल अवश्य मिलिए।

आप ही की

—'तरंग'"

सोमवार, आषाढ़ सुदी तीज, 1979
29, डीयर लेन, कलकत्ता

शाम हो गई थी। प्रेमपूर्ण बातचीत करना भूल गए। मुझसे

कहा, "अब देर न करनी चाहिए। आज 'पत्नी-प्रताप' का खेल होगा। बड़ी भीड़ होती है। जल्दी न जाएँगे तो टिकट नहीं मिल सकता। आज भेंट अवश्य हो जाएगी, क्यों न ?"

इन इतने प्रश्नों का एक ही उत्तर था। सो मैंने 'न' में 'हाँ' मिलाकर बेमेल का मेल पूरा कर दिया।

रात के दो बज चुके हैं। दरवाजे की खड़खड़ाहट से मेरी नींद उचट गई। जब किसी की सुख की नींद में बाधा पड़ती है तब विघ्नकारी चाहे परम मित्र ही हो, परन्तु इस हरकत से नवाबी की याद आती और दुश्मन का सिर काट लेने को जी चाहता है। नामर्द जमाने से तंग आकर, किसी बेगुनाह को कोसते हुए उठा और दरवाजे के पास जाकर पुकारा, "कौन है ?"

"अरे यार, मैं हूँ प्रेमपूर्ण।" आवाज बेजान थी। बस, इतनी भूमिका से प्रेमपूर्ण के वियोगान्त नाटक का बहुत कुछ पता मिल गया। आखिर दरवाजा बन्द करके मैं उन्हें अपने कमरे में ले गया। फिर तो इस विशुद्ध प्रेम के कौतूहल के आगे 'नैनन को छोड़ नींद बैरन बिदा भई', और लगा मैं पूछने कि आज अपनी 'तरंग' में कितने गोते लगाए ? बहे-डूबे या सदेह बच आए ? प्रेमपूर्ण के सचिन्त मौन से यह सूचित हो रहा था कि उनकी 'तरंग' ही नहीं आई। फिर कौन गोते लगाता ? विरक्ति के भय से मुझे ज्यादा छेड़छाड़ करने का साहस नहीं हुआ। न जाने वे अपनी उदास आशा को किन वाक्यों से और कब तक समझाते रहे !

सुबह होते ही प्रेमपूर्ण का एक पत्र और आया। पत्र किसने लिखा, इसकी बिना ढूँढ़-तलाश किए ही मेरे मुँह से निकल गया, 'हो तो यार, चुम्बक पत्थर, पर लो खींच, या कि खिंच आओ, लो बुला या कि खुद जाओ।' मेरी कवित्व-कला में दूसरों के लिए भले ही सरसता की मात्रा न हो और वे आँखों से पढ़कर कानों से उसे बाहर निकाल दें, पर प्रेमपूर्ण तो उसे सुनते ही खिल उठे। मुझे रोमेंस की नजर से देखते हुए उन्होंने लिफाफे का बन्द खोला। रातभर

की परेशानी और सुबह की खुमारी एक ही सेकंड में गायब ! प्रेम का भी अजब हाल होता है ! पत्र पर प्रेमपूर्ण की प्रीति की जो दृष्टि पड़ी, उसका बयान, मैं तो तुच्छ हूँ, मेरे विचार में, चतुरानन तो क्या—हजार मुँहवाले शेषजी भी न कर सकेंगे। पत्र में लिखा था :

'प्रिय,

कल मेरे साथ मेरे बड़े भाई भी थिएटर देखने गए थे। लाचार होकर मुझे जनाना सीट में रहना पड़ा। यही कारण है कि आपसे मैं नहीं मिल सकी। क्षमा कीजिएगा। कल जगन्नाथघाट में मिलिए। मैं गंगा नहाने जाऊँगी। वहाँ मुझे कौन रोक सकता है ? दर्शन अवश्य होंगे। वहीं यह हृदयहार उपहारस्वरूप अर्पित होगा। श्री गंगाजी से बढ़कर साक्षी और कौन है ? इति शम्।

आपकी अनुराग-भरी

बुध, आषाढ़ सुदी 5, 1979 —**'तरंग'** '

29, डीयर लेन, कलकत्ता

बस, फिर क्या था ! प्रेमपूर्ण के रोम-रोम से आनन्द छलक पड़ा। घाट की तैयारी होने लगी। आज उन्होंने मेरी कोई सलाह नहीं ली। चुपचाप उठकर चले गए।

लौटे तो चेहरे पर उदासी की काली घटा उमड़ रही थी। कुछ पूछने से पहले ही मालूम हो गया कि इस बार भी वार खाली गया। शरीर सूखकर काँटा तो नहीं हुआ, पर आधा जरूर रह गया था। मौसिमे बरसात थी, वरना इस वियोगी की आह क्या न कर डालती, यह कोई महाकवि शंकरजी से पूछ ले।

डाकिया फिर चिट्ठी लेकर हाजिर हुआ। इस बार प्रेमपूर्ण का हौसला इतना पस्त हो गया था कि जान पड़ा मानो पत्र के लिए हाथ बढ़ाते हुए उन्हें शक्ति से बाहर काम लेना पड़ा। पत्र में लिखा था :

'मूर्खचन्द,

जाह्नवीजी की असंख्य तरंगें देखने पर भी तुम्हें 'तरंग' की याद

नहीं आई तो न सही, पर क्या वहाँ तुम्हें चुल्लू-भर पानी भी नहीं मिला ?

मैं हूँ
–एक 'तरंग' '

आषाढ़ सुदी 8, बृहस्पति, 1979
29, डीयर लेन, कलकत्ता

मैंने कहा, ''एक उपाय अब और करके देखो। 29, डीयर लेन में कौन रहता है, इसका भी पता लेना चाहिए।''

मेरी बात मानकर बेचारे प्रेमपूर्ण 29, डीयर लेन तक गए। वह प्रेमिकागार के बदले छात्रागार निकला जिसमें उन्हीं के सहपाठी छात्र रहते थे। सब-के-सब उन्हें देखते ही हँस पड़े।

अर्थ

पंजाबमेल पूरी रफ्तार से कलकत्ता जा रहा है। दूसरे दर्जे में दो मुसाफिर पास-पास बैठे हैं। कुछ देर मौन रहकर एक ने दूसरे से नाम पूछा, जब वह प्रयाग में गाड़ी पर चढ़ा। उसने कहा, ''मेरा नाम दिनेशकुमार है।'' थोड़ी देर में घनिष्ठता बढ़ गई। पहला मुसाफिर हीरालाल कलकत्ता लौट रहा है। वहाँ व्यवसाय करता है। नवयुवक है। धनी व्यवसायी का लड़का, दिल्ली गया था। दिनेश भी नवयुवक है। हीरालाल को मालूम हुआ कि एक अच्छी जगह सिनेमा में कहानी लिखने की दिनेश को मिली है, इसलिए कलकत्ता जा रहा है। हीरालाल खुद भी हिन्दी के कथानक, उपन्यास तथा नाटक सिनेमा-साहित्य का शौकीन है, कुछ ज्ञान भी उधर उसने अर्जित कर लिया है। पूछा, ''हिन्दी के उपन्यास-लेखक रामकुमारजी को आप जानते हैं ?''

''हाँ, वह तो आजकल प्रयाग ही रहते हैं।'' दिनेश ने कहा।

''मेरे विचार से उनके जो उपन्यास निकले हैं, उनकी जोड़ के हिन्दी में दूसरे नहीं, आप क्या कहते हैं ?''

"मेरा भी यही विचार है।"

"उनका एक जीवनचरित इधर 'भारती' में प्रकाशित हुआ है, वह बड़ा अद्भुत है। उसमें एक ईश्वरीय सत्य है। आप कहें, तो सुनाऊँ ?"

"सुनाइए।"

हीरालाल कहने लगा, "रामकुमार एक कुलीन ब्राह्मण के घर का बालक ही था, जब घर की पूजार्चा देखकर, पाठ सुनकर हिन्दू-धर्म पर उसे पूरा विश्वास हो गया ! जैसा सुना, वैसी ही धारणा भी बँध गई कि अगर आज अकेले भीम होते, तो म्लेच्छों के पैर क्षण-भर के लिए भी उनके सामने न ठहरते। जहाँ गदा को घुमाने पर भगदत्त के हाथी सेमर की रुई की तरह आकाश में उड़ गए, कुछ तो अब भी चक्कर काट रहे हैं, वहाँ म्लेच्छों का पता न रहता कि किस लोक में, अँधेरे की तरह प्रकाश में कहाँ, गायब हो गए। अगर कहीं महावीर स्वामी आ जाते—आ क्या जाएँ, अब उनके समकक्ष योद्धा कोई रह ही नहीं गया, द्वापर में इसीलिए वह लड़े नहीं—नहीं तो वह अमर हैं, कहीं गए थोड़े ही हैं ! और उखाड़-उखाड़कर पटकते पहाड़, तो सारी अक्ल हवा हो जाती तुर्रमखानों की। इस तरह श्रीराम और कृष्णजी को, सोचता हुआ, आजकल के रावण की सशस्त्र सेना को वानर-मात्र की सहायता से परास्त कर देता, कभी कृष्णजी से असम्भव कार्य-रूप गोवर्धन धारण करा, उसके नीचे देश के भगवद्भक्त गोप-गोपियों को आश्रय देकर वर्तमान इन्द्र की दुश्शासन-वर्षा से उद्धार कर लेता, कभी किसी राक्षस-रूप में कृष्ण को घुसेड़कर पेट चिरवाता बाहर निकालता। इस तरह बन्दर को आदमी और आदमी को बन्दर बनाने की आदत पड़ गई। करुणा तुलसी-कृत रामायण और सूरसागर के दैनिक पाठ से बढ़ती गई। नवें दर्जे में था, इसी समय भक्ति के आवेश में सूझा, म्लेच्छों की विद्या न पढ़ूँगा, यह धन के लिए है, ज्ञान के लिए नहीं। इस समय यह पन्द्रह साल का बालक था। घरवालों का शासन प्रबल था, इसलिए स्कूल जाना पड़ा। पर वह रह-रहकर सोचता था कि उसके घरवाले ढोंगी हैं, बाहर से तो भगवान का नाम लेते हैं, पर भीतर से रुपया ही उनका लक्ष्य है। घरवालों से उसे घृणा हो गई। धीरे-धीरे दो साल का समय और बीता और इसने प्रवेशिका-परीक्षा पास कर

ली। इसी समय पिता ने उसका विवाह किया। बहू युवती थी। बहू के घर आने पर रामकुमार ज्यों-ज्यों क्षीण हो चला, उसकी ईश्वर-भक्ति और आस्तिकता त्यों-त्यों प्रवीण होने लगी। पति ही पत्नी का ईश्वर है, यह संस्कार यद्यपि घर से पत्नी को प्राप्त हो चुका था फिर भी रामकुमार ने अपनी ओर से शिक्षा देने की गफलत न की। फलतः वह गम्भीर होने लगा और उसकी धार्मिक साधना भी बहू को प्रभावित करने के लिए बढ़ गई। बहू सुन्दरी थी। पत्नी को पूर्ण मादकता से प्यार देना धर्म में दाखिल है। अतः इधर भी रामकुमार संसार की भावनाओं को स्वर्ग में बदल-बदलकर विहार करने लगा। पिता ने कॉलेज जाने के लिए कई बार कहा। वह वृद्ध हो गए थे। शारीरिक शासन करने में असमर्थ थे। रामकुमार ने पिता के शब्दों पर ध्यान न दिया। पत्नी ने भी श्वसुर के आदेश की एक बार पुनरावृत्ति की, क्योंकि उसे भय था कि पति के कॉलेज न जाने का कारण वही समझी जाएगी। रामकुमार ने कहा, 'अँगरेजी-शिक्षा से बुद्धि भ्रष्ट हो जाती है।'

''तब तक रामकुमार को अर्थ की चिन्ता न थी। पिता को पेंशन मिलती थी, संसारचक्र मजे में चला जा रहा था। उसकी माता का कुछ दिन बाद देहान्त हो गया। एक साल का क्रियाकर्म भी पूरा हुआ। पिता ने कहा, 'बेटा, हम करारे के रूख हैं, तुमने पढ़ा नहीं, तो हमारे रहते कोई काम ही कर लो; नहीं तो पीछे तुम्हें कष्ट होगा।' रामकुमार गम्भीर होकर बोला, 'आप इसकी चिन्ता न करें।' मन-ही-मन कहा, 'कितना अविश्वास इन्हें ईश्वर पर है—पशु-पक्षिउ की लेत खबरिया, तोरिउ सुरति करै; अरे मन, धीरज क्यों न धरै !' रामकुमार को बालक-काल से सन्तों की उक्तियों पर दृढ़ विश्वास करने की आदत पड़ गई थी। गोस्वामीजी की चौपाई याद आई, 'विश्व-भरण-पोषण कर जोई, ताकर नाम भरत अस होई।' जो भरत संसार का पालन करते हैं, वह भोजन न देंगे, उन पर कितना अविश्वास है इन लोगों को ! सोचता हुआ वह चला जाता, पिता खिन्न हो जाते।

''कुछ समय और पार हुआ। एक रोज पिता को कुछ बुखार आया, दो-तीन दिन बाद उनका दम निकल गया। आज पहला दिन था, जब गाँव के लोगों से रामकुमार को एक गृहस्थ की तरह, दीन

होकर, धार्मिक उद्दण्डता छोड़कर, बर्ताव करना पड़ा। पहला बुलावा गया, और लाश उठाकर गंगाजी चलने के लिए कोई न आया, तब नाई ने समझाया कि 'भैया, यह हाथ जोड़ने का समय है।' रामकुमार जाकर घर-घर हाथ जोड़ता फिरा। लोगों ने सलाह करके कहा, 'रामचन्द्र शुक्ल मरे थे, तब लोगों को पन्द्रह रुपए के पेड़े उनके लड़के ने खिलाए थे। कहो, पन्द्रह रुपए के पेड़े खिलाओगे, तो चलें अपने गिरोह के बीस आदमी ?' रामकुमार को स्वीकार करना पड़ा। घाट से लौटने पर तेरहीं तक बड़ी विपत्ति रही। कुटुम्बों का व्यवहार खासे दुश्मनों का-सा रहा। एक की जगह तीन-तीन लेकर टले। माता का भी क्रिया-कर्म उसी ने किया था, पर तब पिता थे, इसलिए संसार का बर्ताव नहीं समझ सका। तेरहीं के बाद उसकी पत्नी ने कहा, 'नकद आठ सौ रुपए थे, सब खर्च हो गए।' धर्म के दबाव से पत्नी ने यह न कहा कि कोई काम देखो, नहीं तो इस तरह और कब तक चलेगा। रामकुमार ने कहा, 'अच्छी बात है, खर्च होने दो, मुझे धन के मालिक का पता मालूम है।'

''कुछ समय और बीता, रामकुमार की पूजा बढ़ चली। गाँववाले आपस में बतलाने लगे, 'कैसा बेवकूफ है, पढ़ा-लिखा है, कहीं नौकरी या रोजगारी नहीं करता, रामायण लिए चार-चार घंटे मन्दिर में बड़बड़ाया करता है।' इसके जवाब में कोई कहता है, 'बाप की कमाई का रुपया गाँजा है, हमारी-तुम्हारी तरह नदार है ? कराया तो तुमने तेरहीं में मनमाना खर्च, फिर रुका ? नहीं जाता नौकरी करने। जब माल होता है, तब भगवान का नाम सूझता ही है, आखिर बैठा-बैठा क्या करे ? अब आगे वर्षी में कराओ खर्च दो हजार, देख लो, कभी जो हाथ खींचे।' इधर एक रोज ऐसा हो गया कि विद्या के हाथ में एक पैसा भी न रहा। उसने पति से कहा कि आज से अब एक पैसा भी खर्च के लिए नहीं है।

''युवक रामकुमार गम्भीर होकर बोला, 'अच्छी बात है, आज पैसा हो जाएगा।' जैसा उसने पढ़ रखा था कि भरतजी का नाम जपने पर अर्थ होता है, शाम होने पर एक कोठरी में बैठकर भरतजी का नाम जपने लगा। रात ग्यारह बजे तक पाँच हजार जप पूरा कर, वहीं एक चुटके में यह लिखकर कि मेरे इस जप की जो मजदूरी होती हो, यहीं अँगोछे पर रख दीजिए, उठकर पत्नी के पास आया। उधर

विद्या भी चूल्हे के पास भोजन तैयार कर बैठी हुई पति के लिए तपस्या कर रही थी। गम्भीर भाव से भोजन कर रामकुमार बाहर आया, तब विद्या ने भी भोजन किया। मारे डर के उसने कारण न पूछा। प्रेम से उच्छ्वसित हो, गम्भीर भाव से, पलँग पर पड़े-पड़े पति ने स्वयं पत्नी से अपने अर्थोपगम का मन्त्र बतलाया। विद्या मुँह फेरकर हँसने लगी।

''सुबह उठकर रामकुमार नहाया, फिर भक्ति-भाव से उस कोठरी में गया। विद्या मुस्कुराती हुई बाहर से झाँकने लगी। रामकुमार ने देखा, भीतर अँगोछा जिस तरह फैलाया था, उसी तरह फैला है, भरतजी पाँच हजार नाम जप की मजदूरी उस पर नहीं रख गए। हृदय को बड़ा दुख हुआ। मारे लज्जा के पत्नी से आँख न मिला सका। विद्या बड़े कष्ट से हँसी रोके हुए थी। सान्त्वना की बातें हँस डालने के भय से नहीं कह रही थी। इसी समय छक्कन साह ने द्वार पर आकर पुकारा। छक्कन पहले बचका लाते थे। अब रुपया कर्ज दिया करते हैं। रामकुमार द्वार पर गया; तो छक्कन ने पालागन करके कुशल पूछी। अनुभवी छक्कन पड़ोस के दूसरे गाँव में रहते हैं। आलसी अकर्मण्य आजकल के बाबू युवकों की नस-नस से वाकिफ हो चुके, उन्हें थोड़े रुपए देकर काफी रकम—सोने-चाँदी के गहने ले चुके हैं। रामकुमार के पिता का देहान्त हो चुका है, पेंशन बन्द हो गई है, जवान लड़का बहू के रूप में फँसकर बाहर पैर नहीं निकालता, हैसियत इतनी अच्छी नहीं कि इसी तरह हमेशा निभे, कहीं बीच में रुपयों की जरूरत हुई, तो ऐसा न हो कि दूसरे के हाथ शिकार फँस जाए, यह सब सोचकर छक्कन साह घर से चले थे। सरल रामकुमार ने पहले ही कहा, 'पिताजी की तेरहीं में रहा-सहा रुपया खर्च हो गया है, अब तो बड़ी दिक्कत में हैं।' छक्कन का श्रम सफल हुआ। बड़ी हमदर्दी से बोले, 'तो डर किस बात का है ? आप तो घर के लड़के हैं। जैसे यह घर आपका, वैसे वह घर भी आपका। आपका खर्च न रुकेगा, रुपयों का इन्तजाम कर दिया जाएगा।' रामकुमार के विचार से साक्षात् भरतजी आ गए। बोला, 'रुपए तो अभी मुझे चाहिए।' छक्कन समझ गए कि यह बेवकूफ है, यह मुझसे उसी तरह रुपए लिया चाहता है, जैसे अपने बाप से लेता था। बोले, 'तो कितने रुपए अभी आपको चाहिए ?'...'दो सौ।'...छक्कन ने कहा, 'हमारे पास

होते, तो हम दे देते; हमें दूसरे से लेकर देना है, और वह बगैर कुछ रेहन रखे रुपया न देगा। अगर आप कहें, तो हम अपने यहाँ से बीस तोले की जंजीर सोने की रेहन करके रुपए ले आवें। आप सोलह तोले भी हमारे यहाँ सोना ले आवें, तो पिछले पहर तक दो सौ रुपए ले जा सकते हैं। दूसरे के पास जाएँगे, तो दो रुपया सैकड़ा ब्याज से कम में न देगा, हम एक रुपया ही सैकड़ा लेंगे।' इसके सिवा कोई चारा न था। रामकुमार ने रुपयों का इन्तजाम कर रखने के लिए कह दिया। उधर छक्कन घर गए, इधर वह पत्नी के पास आया। बड़ी लाज लगी, पर उपाय न था, विद्या से कहा, 'अपनी जंजीर दे दो, तो पिछले पहर रुपए ले आऊँ।' अम्लान विद्या ने बॉक्स खोलकर जंजीर निकाल दी, फिर पति को देखती हुई, उसे ही हर तरह पाने की प्रार्थना से हाथ पर रख दी। रामकुमार जंजीर लिए पड़ा रहा। चौका-टहल कर, पानी भरकर चलती हुई महरी ने पूछा, 'आज अभी तक भैया पड़े हैं, गाँव के लोग कहते हैं, आज सुबह छक्कन साह आये थे, जान पड़ता है, दिवाला छह महीने में निकल गया, क्या बात है बहू ?'...'बात क्या है ? तुम अपना काम करो, कहने के लिए दुनिया है, किसी की जीभ में ताला पड़ा है ?' भोजन पकाकर, पति को समझाती हुई बोली, 'तुम्हारी जैसी इच्छा हो, करो—फिर हम दोनों एकसाथ भीख माँगेंगे, पर अब मैं तुम्हें कहीं भी न जाने दूँगी। मेरे चार हजार के गहने हैं, तुम सब बेच डालो।' रामकुमार को आज कार्यतः पहले-पहल प्रिया के अपार प्रेम का परिचय मिला। उठकर नहाया, भोजन किया, शाम को तीस तोले की जंजीर के बदले दो सौ रुपए लेकर घर लौटा।

''हृदय को बड़ी चोट पहुँची। 'जो राम पृथ्वी के ईश्वर हैं, जो भरत सृष्टिभर को भोजन देते हैं, उन्होंने स्वयं अपने भक्त की लाज ले ली, अब मैं किस विश्वास पर उन्हें पुकारूँ ? वे मेरे किस काम आएँगे ?' सोचते-सोचते मस्तिष्क में गरमी छा गई। प्यार की जगह चोट खाकर मनुष्य मुश्किल से सुधरता है। इसी समय याद आई, 'भगवान चित्रकूट में हैं। तुलसीदास को वहीं उनके दर्शन हुए थे।' कागज लेकर उनके नाम चिट्ठी लिखने लगा। लिखा :

'प्रभो,

मुझे तुम्हारा बड़ा भरोसा था। मेरी नाव अब मँझधार में है। पर

तुम्हारी कृपा तो मुझे नहीं नजर आती। अब तुम्हारे सिवा संसार में मेरी मदद करनेवाला कोई नहीं है। मेरे पिता का भी सहारा तुमने छुड़ा दिया। अब तो दया करो। तुमने सुग्रीव और विभीषण को राजा बना दिया; तो मेरी कुछ तो खबर करो। प्रभो, मैंने तुम्हीं को संसार में माना है और आज तुम्हारी ओर से मुँह फेरते हुए छाती दो-टूक हुई जा रही है। प्रभो, दास पर दया करो, वह बड़े दुःख में है। रामायण में भक्त-शिरोमणि तुलसीदासजी ने लिखा है :

जो सम्पत्ति शिव रावणहिं, दीन दिये दस माथ;
सोई सम्पदा बिभीषणहिं, सकुचि दीन रघुनाथ।

क्या यह सब झूठ ही है ? रघुनाथ, विश्वास जो नहीं होता ? अधिक और क्या लिखूँ ? तुम तो हृदय-हृदय का हाल जानते हो, स्वामिन्।

तुम्हार दास
—रामकुमार'

"ऊपर लिफाफे में, श्रीरामचन्द्रसिंह, रामघाट, चित्रकूट, सीतापुर, बाँदा लिखकर चिट्ठी डाकखाने में छोड़ दी। एकचित्त से प्रभु के उत्तर की राह देखता रहा। चिन्ता में दुर्बल हो गया। एक दिन चिट्ठीरसा वही चिट्ठी वापस ले आया। चिट्ठी देखकर रामकुमार अर्द्ध-विक्षिप्त हो गया।

"धीरे-धीरे वर्षी का समय आ गया। लोग स्वयं उसे बुलाकर सलाह देने लगे कि 'कुल कमाई तुम्हारे पिता की है, ऐसा न हो कि स्वर्ग में उन्हें संकोच हो।' लोग इस प्रसंग पर रामकुमार को काफी आदर देते थे। उसके चले जाने पर आपस में कहते, 'इनके पिता हँसिया-खुरपी छोड़कर परदेस गए थे, खैर, उनकी तो निबह गई, पर इन्हें देखो, पकड़ाते हैं चार साल में।'

"विद्या ने कभी पति को कोई सलाह न दी। पति की ही मर्जी उसकी मर्जी रही। रामकुमार के हृदय को भक्ति से स्वार्थपूर्ति न होने पर एक चोट लगी है, यह वह समझ चुकी थी, इसलिए अपने स्नेह से बराबर उसे सिक्त रखने का प्रयत्न करती रहती। इसी बल से रामकुमार चल-फिर रहा था। पिता की वर्षी में दो हजार का खर्च है। इस बार विद्या के सब गहनों की बाजी है। बिना वर्षी किए जा नहीं सकता, पिता को लोग हँसेंगे। यह सोच-सोचकर एक दिन

वर्षी की तैयारी करनी पड़ी। विद्या ने कुल जेवर निकालकर दे दिए। उनकी तरफ देखा तक नहीं। बराबर निगाह पति की आँखों से मिली रही।

''वर्षी हो गई। दो हजार ब्राह्मणों का जमाव रहा। एक दिन उसने अपने ही कानों शाम को आते हुए सुना, लोग बातचीत कर रहे थे, 'कैसा बेवकूफ बनाया !' रामकुमार संसार से सब प्रकार हताश हो गया। एक दिन विद्या को बिदा कराने के लिए उसका भाई आया। रामकुमार को निराभरण विद्या को भेजते हुए बड़ी लज्जा लगी। पर वह स्वयं कुछ दिनों के लिए विद्या से अलग होना चाहता था। पति को छोड़कर पिता के यहाँ जाने की विद्या की भी इच्छा न थी। उसने निश्चय कर लिया था, एक दिन इनके साथ हाथ पकड़कर हमेशा के लिए घर छोड़ेगी। ऐसी दशा जब उत्तरोत्तर हो रही है, तब वह दिन भी शीघ्र आनेवाला है, जब इसे स्त्रीत्व की विभूतियों से अमर, ऊँचा आदर्श पति के प्रेम में पूरा करना होगा। उसे बिना गहनों के मायके जाने में लाज न थी, जहाँ उसके बालकेलियों से उज्ज्वल, निराभरण रूपवाले दिन बीते थे। वह केवल पति के सोच में थी। पर रामकुमार, कुछ समय, हीरे की खान ढूँढ़ने के लिए निकले हुए यूरोपियों की तरह, अर्थ के अन्वेषण में अकेला चलना चाहता था। विद्या को घर में निस्संग रहने के कारण कष्ट होगा, सोचकर, मौका देख एकान्त में उसने समझाया कि जब तक किसी जगह वह पैर न जमा सके, तब तक विद्या का मायके ही रहना अच्छा होगा और उसके बिदा होने के बाद वह भी अर्थ की तलाश में निकलेगा।

''विद्या पति की पद-धूलि लेकर भाई के साथ चली गई। रामकुमार भी अर्थ की खोज में बाहर निकला। लखनऊ, कानपुर और प्रयाग में कई जगह गया, पर किसी ने भी न पूछा। वह क्या जाने कि संसार किसे कहते हैं, एक साधारण-सी जगह के लिए कितने असाधारण कार्य करने पड़ते हैं; कितना छल, कितनी खुशामद, कितनी सिफारिश दो रोटियों की नौकरी के लिए आज जरूरी हो रही है ? उसके राम इस संसार के स्वामी हो सकते हैं, पर बर्ताव में इस संसार के स्वामी उसके राम नहीं। सभी जगह से उसे अपमान सहकर लौटना पड़ा; सभी ने उसे बेवकूफ बनाकर छोड़ा। उसके हृदय की कौन जानता था ? पर उसकी मूर्खता नौकरी

के लिए बेकायदा आकर गिड़गिड़ाने पर सब पहचान लेते थे। वह कितना पवित्र है, इसकी किसे आवश्यकता है ? उसे संसार का, ऑफिस का कुछ ज्ञान नहीं, यह सब समझ जाते थे। उसने क्यों पहले से ऑफिस का ज्ञान प्राप्त नहीं कर लिया ? दस रुपए की नौकरी ? नहीं है। रुपया पेड़ में फलता है ? लाखों का माल किसी के पास होता है, तो वह लुटा देता है ? लोग दमड़ी की हंडी बजाकर लेते हैं।

"सब जगह ठोकरें मिलीं। रामजी के विश्वास पर इधर जो शैथिल्य आ गया था, संसार का जितना तृण इस मन्द अंगार पर आ पड़ा था, संस्कार की तेज हवा से जलने लगा। तमाम आग राम के ही विश्वास में बदल गई। बार-बार हृदय में स्पन्द-स्पन्द पर ध्वनित हो चला—जिन पर इतने बड़े-बड़े महात्मा विश्वास करते आए, वह एक मिथ्या कल्पना-मात्र है ? आज तक जिसके सहारे का भरोसा किया, वह शून्य की तरह कुछ भी नहीं ? रामकुमार का मस्तिष्क और हृदय जलने लगा। प्रयाग-स्टेशन आ, चित्रकूट के लिए टिकट कटाकर गाड़ी पर बैठ गया।

"जब चित्रकूट उतरा, तब उसके पास कुछ न था। जो कुछ थोड़ा-सा सामान और रुपया-पैसा था, मानिकपुर और कर्बी के बीच जब रात को गाड़ी पहाड़ी जंगल पार कर रही थी, दूसरों की आँख बचाकर फेंक दिया। चित्रकूट पहुँचे, चुल्लू से पयस्विनी का जल पीकर, एक यात्री की कृपा से नदी पार हो, हनुमद्धारा में पहले रामभक्त महावीरजी के दर्शन करने गया। पहाड़ की सीढ़ियाँ तय कर बड़े भक्तिभाव से हनुमानजी को प्रणाम किया। पर पैसे न चढ़ाए। थे ही नहीं। गृहस्थ, और पैसे न चढ़ाए। एक बाबाजी बैठे थे, गालियाँ देने लगे। चुपचाप, कुछ देर भी विश्राम किए बिना, लौटा। महावीरजी की सहायता से विश्व-सम्राट् भगवान श्रीरामचन्द्रजी से वह पैसे माँगने गया था, चढ़ाने नहीं। थका हुआ, सीढ़ियाँ उतरने लगा। सावन की सजल दिगन्त तक फैली हुई श्याम शोभा राममयी हो रही थी, शीतल-सुख-स्पर्श वर्षा-समीर बह रही थी, पर उसके हृदय की आग इससे और जल-जल उठने लगी। इतने जल में भी मुख सूख गया। नदी के किनारे दीन भाव से आकर खड़ा हुआ। अबकी मल्लाह ने स्वयं दया की। पार उतरकर रामकुमार कामद-गिरि की

परिक्रमा करने लगा। पहाड़ पर मोरों के झुंड निर्भय नृत्य कर रहे थे। बड़े-बड़े पेड़ हवा के झोंकों से लहरा-लहराकर कह रहे थे, 'हम पूर्ण हैं, हमें कुछ भी न चाहिए।' एक जगह लोगों से उसने पूछा, 'भगवान के इस गिरि पर क्या है ?' लोगों ने कहा, 'इस पर भगवान स्वयं रहते हैं। ऊपर एक बड़ा-सा सरोवर है, उसके किनारे उनकी कुटी है, वहीं सीताजी और लक्ष्मणजी के साथ वह निरन्तर तपस्या करते हुए भक्तों की मनोवांछाएँ पूरी करते रहते हैं।' रामकुमार ने आग्रह से पूछा, 'वहाँ दर्शन के लिए जाने की मनाही क्यों है ?' उत्तर मिला, 'वहाँ जाने से भी दर्शन नहीं हो सकते—भगवान, सरोवर, कुटी, सब लुप्त हो जाते हैं।' रामकुमार को बड़ा ताज्जुब हुआ। उसने निश्चय किया, लोग दिन को नहीं चढ़ने देते, मैं रात को चढ़ूँगा। फिर वह परिक्रमा करता गया। पहले भूख और प्यास से सूख रहा था, अब इस निश्चय से, रामदर्शन-भर पर विश्वास दृढ़ हुआ, चेहरा गुलाब के फूल जैसा खुल गया। प्राकृतिक शोभा जैसे सूचित कर रही हो, राम हैं, वह मिलेंगे। खुशी से परिक्रमा करता हुआ मंसूबे बाँधता रहा।

''परिक्रमा समाप्त कर एक मन्दिर में शिव-नाम जपता हुआ उनकी कृपा की भिक्षा, जिससे रामजी के दर्शन मिल जाएँ और अपने समय की प्रतीक्षा करता रहा। सब दिनों की असफलता आज आशा में पूरी सफलता बनकर उसे आनन्द में लहरा रही थी। रात दस बजे तक वह उसी मन्दिर में बैठा रहा। जब देखा कि सब सुनसान हो गया है, तब बाहर निकला। घोर अन्धकार छाया हुआ था। आकाश में सावन की घटा छाई हुई थी, हवा चल रही थी, बादल गरज रहे थे। परिक्रमा का अन्त करने से कुछ पहले एक स्थान उसे ऐसा मिला, जहाँ मन्दिर कम हैं, रास्ता रोकनेवाले लोगों का भय नहीं। वहीं से पहाड़ चढ़ने का उसने निश्चय किया था, उसी ओर, उलटी परिक्रमा करता हुआ चला। घोर रात्रिकाल। मन्दिरों के द्वार बन्द हो चुके थे। शायद लोग भी सो चुके हों। तीव्र आकांक्षा से बढ़ता हुआ अपने स्थान पर पहुँचा। देखा, कामद-गिरि का बड़ा भयानक रूप हो रहा था। पर रामकुमार के प्राणों को चोट पहुँची थी, राम को वह प्यार करता था, उन्हीं राम ने संसार में उसे अकेला छोड़ दिया है, प्रार्थना पर भी सहायता नहीं की। इसलिए मृत्यु भी आज

तुच्छ है—सत्य का साक्षात्कार, चिरकाल के प्यारवाले राम एक तरफ हैं, घोर प्रकृति, दुर्धर्ष पहाड़, अपार बाधाएँ प्राणों का मोह पैदा करती हुईं एक तरफ। पर प्राणों का मोह तो उसे होता है, जिसका संसार सुखमय, विलास की रंगशाला में परियों की पद-भूमि हो। एक बार पहाड़ की ओर गर्दन उठाकर रामकुमार ने देखा। घोर अन्धकार के सिवा कुछ भी न देख पड़ा। उसके बाद नग्न गिरि की पूजा में अपने वस्त्र उतारकर पद-मूल में नमन कर मन-ही-मन कहा, 'लो, अब कुछ भी मेरे पास अपना कहने के लिए नहीं रह गया, मैं अब केवल उनसे मिलकर एक बार पूछना चाहता हूँ, मेरे पत्र का ग्रहण मेरे किस अपराध के फलस्वरूप आपने नहीं किया ?' अर्द्ध-विक्षिप्त-सा होकर बाह्य त्याग को सीमा तक पहुँचाकर रामकुमार पहाड़ चढ़ने लगा। कमर-भर सब जगह घास उगी हुई, खड़ा पहाड़, वर्षा के जल से पत्थरों पर कहीं-कहीं काई जमी हुई, प्रति पद साँप और बिच्छुओं का भय। पर रामकुमार को कोई होश नहीं, केवल राम से मिलने की लगन लगी हुई। कुछ दूर बाद पहाड़ से एक झरना उतरा था, जल न था, वह रास्ता मिलने पर, उसी से हाथ-पैर, चारों टेककर चढ़ता गया। कुछ दूर जाने पर थका, तो महावीरजी के देह के घी-मिले सेंदुर की सुगन्ध आने लगी। मन में विचार आया, महावीरजी मेरे साथ मेरी रक्षा कर रहे हैं, फिर प्राणों को अपूर्व बल प्राप्त हो गया। फिर चढ़ने लगा। तीन-चौथाई पहाड़ चढ़ गया, तब सामने पहाड़ का एक हिस्सा लटका हुआ देख पड़ा। चढ़ने का उपाय न था। बड़ा दुःख हुआ। उसी समय बिजली कौंधी। प्रकाश में कुछ पग दाहिने एक पेड़ देख पड़ा, जो पहाड़ के लटकते हिस्से की बगल से उगकर उससे मिला हुआ तने से ही कुछ ऊँचा उठ गया था। रामकुमार उसी पेड़ पर चढ़कर उस लटकते हिस्से पर गया। अब बूँदों की वर्षा होने लगी। पर रामकुमार चढ़ता ही गया। जब कुछ और ऊपर गया, तो वैसा ही एक दूसरा उससे कुछ और ऊँचा लटकता हिस्सा देख पड़ा। ठीक इसके बाद कामद-गिरि की चढ़ाई संमाप्त थी। पर चढ़ने का कोई उपाय न था। बिजली चमकी, देखा, दूर तक पहाड़ वैसा ही खड़ा चढ़ा था। ऊपर से लटका हुआ। अब पानी भी धीरे-धीरे बरसने लगा। लाचार हो, उसी लटके पहाड़ के नीचे बैठकर रोने लगा।

''कुछ देर बाद पानी बन्द हो गया। उसे भय हुआ कि दिन को लोग देखेंगे, तो पकड़कर मारेंगे। रात दो-ढाई घंटे रह गई थी, तब तक पहाड़ से उतर जाने का निश्चय कर उतरने लगा। उसी तरह पहले पेड़ से होकर उतरा। फिर धीरे-धीरे घंटे-भर बाद नीचे आया। कपड़े जो उतारकर कामद-गिरि पर चढ़ा दिए थे, फिर से पहन लेने की इच्छा हुई। जहाँ उतारे थे, वहाँ देखने लगा, वहाँ कोई कपड़ा न मिला। पवन देव न जाने कहाँ उड़ा ले गए थे ! अब बड़ी लज्जा लगी। अँधेरा जब तक है, तब तक बस्ती छोड़कर दूर निकल जाने को जी करने लगा। वह पयस्विनी की तरह चला। रास्ते में नाला छाती तक भरा हुआ मिला। वहाँ उसे मालूम हुआ, पानी जोर का गिरा है। नाला पार कर पयस्विनी के तट पर गया, तो पानी के मारे सब घाट डूब गए थे। नदी का रूप भयंकर हो रहा था। जहाँ आदमी चलते थे, वहाँ कहीं-कहीं छाती से ज्यादा पानी था। यह देखकर अनजाने एक-दूसरे रास्ते से चलकर सीतापुर के भीतर पैठा। जल्द-जल्द बस्ती के बाहर जा रहा था। ऊषा के क्षीण प्रकाश से अँधेरा हट चला। अभी तक लोग जगे न थे। कुछ दूर जाने पर ब्राह्म मुहूर्त में उठनेवाले एक यज्ञोपवीतधारी ब्राह्मण मिले। ब्राह्मण देवता को देखकर रामकुमार ने करुण कंठ से प्रार्थना की, 'आप अपना गमछा मुझे दे दीजिए ! यहाँ बस्ती है।' ब्राह्मण गला फाड़कर पुकार उठे, 'चोर है ! पुलिस-पुलिस !' रामकुमार धीर पद चल दिया। लोगों ने निकलकर देखा, प्रशान्त अविचल नग्न युवक-साधु चला जा रहा है—उसकी चाल में चोर के लक्षण नहीं। ब्राह्मण ने कहा, 'यह मुझसे अँगोछा माँग रहा था।' लोगों ने कहा, 'मूर्ख, बस्ती के विचार से साधु ने ऐसा कहा होगा, तेरा एक अँगोछा लेकर वह क्या करेंगे ? तूने बड़ा धोखा खाया, डेढ़ गज कपड़े के तुझे थानों मिलते।'

''धीरे-धीरे रामकुमार बस्ती पार कर गया। जिधर निगाह जाती है, लक्ष्यहीन उसी तरफ चला गया। दुःख, ग्लानि, क्षोभ, क्लान्ति और भूख से बिलकुल मुरझा गया था। मन इतने उच्च स्तर पर था कि उसे अपने नग्न शरीर के लिए अब बिलकुल लज्जा न थी। प्रकाश फैलने के साथ ही लाज का अँधेरा भी मिट गया। सामने महुए के दो-तीन पेड़ देख पड़े, उसी ओर चला। पहुँचकर छाया में बैठते ही इतनी क्लान्ति बढ़ी कि लेट गया। लेटते ही बेहोश हो गया।

''जब जागा, तब दोपहर थी। देह फूल-सी हलकी हो गई थी। इतनी स्वच्छता का उसे कभी अनुभव न हुआ था। शंका आप-ही-आप पैदा हुई, 'क्या भगवान नहीं हैं ?'

''सुना, ठीक मस्तक के ऊपर से आवाज आई, 'हैं, हैं।'

''तअज्जुब में आ निगाह उठाकर देखा, एक सुग्गा बैठा फिर 'टें-टें' कर उठा।

''सन्देह से निगाह हटा ली। फिर शंका हुई, 'यह सब क्या है ?'

''फिर ऊपर से आवाज आई, 'चित्रकूट', 'चित्रकूट'।

''मन में उत्तर तैयार हो गया, 'चित्रकूट है इसका।'

''समास का ज्ञान रामकुमार को था। इस उत्तर के निकलते ही जैसे सारी पृथ्वी उसकी दृष्टि में चक्कर खाने लगी, पेड़ आदि सब घूमने लगे। घूमते-घूमते, धूमिल छाया में बदलते हुए सब आकाश में मिलने लगे। अन्त में रामकुमार को कहीं कुछ न देख पड़ा। उसके देह है, यह ज्ञान भी न रहा। शरीर निश्चल, आँख निष्पलक रह गयीं।

''कुछ देर बाद ज्ञान हुआ। गोस्वामी तुलसीदासजी की जीवनी का वह अंश याद आया, जहाँ लिखा है, महावीर-रूपी तोते ने कहा है :

'चित्रकूट के घाट पै भइ सन्तन की भीर;
तुलसिदास चन्दन घिसैं, तिलक देत रघुबीर।'

''इसके बाद ही शुकदेव की याद आई।

''मन में फिर शंका हुई, 'तो क्या अभी-अभी जो कुछ मैंने देखा, यही राम हैं ?' फिर सुन पड़ा, 'हाँ-हाँ !' आँख उठाकर देखा, 'टें-टें' करता हुआ सुग्गा उड़ गया।

''फिर मन चिरकाल से अभ्यस्त अज्ञानवाले घर में जाना ही चाहता था कि 'उठ-उठ' की आवाज आई। फिरकर देखा, तो एक कठफोरा दूसरे महुए की सूखी डाल में खटाखट चोंच मार रहा था।

''इस समय कुछ चरवाहे बालक सामने आ, हाथ जोड़कर बोले, 'महाराज, गाँव जाइए। पास ही, वह देख पड़ता है।'

''रामकुमार उठकर खड़ा हो गया। भूख लग आई। भिक्षा की इच्छा हुई। गाँव की ओर चला। मन आज की विश्व-प्रकृति के अद्भुत सत्य-परिचय में तन्मय था, स्वभाव एक सरल बालक-सा बन रहा था। लज्जा लेशमात्र न थी। घर-द्वार, पेड़-पौधे छायामय दिखाई

दे रहे थे। उनका सत्य उसी के पास सिमटा हुआ था। गाँव पहुँचकर, एक द्वार पर खड़ा हो, मौन अंजलि फैला दी। उसे अब कोई आवश्यकता नहीं मालूम दी कि यह किस जातिवाले का घर है, जाँचकर भिक्षा ले। वह बाहरी दुनिया को इतना कम देख रहा था। जिसके द्वार पर उसने हाथ फैलाया था, वह नीच जाति का मनुष्य था। उसके यहाँ किसी साधु ने भोजन-भिक्षा नहीं ली। उसके संस्कार भी ऐसे बन गए थे कि उसे भोजन देते हुए संकोच हुआ, गाँव के ऊँचे कुलवालों से डरा, प्रणाम कर भक्तिपूर्वक उसने कहा, 'महाराज, आप उस तरफ जाइए, उधर ब्राह्मणों के मकान हैं।' रामकुमार उसी तरफ चला। कुछ दूर पर एक आदमी बैठा था, देखकर रामकुमार ने पूर्ववत् अंजलि फैला दी।

''इसी समय 'अरे रामकुमार ! तुम्हारा यह हाल ! !' कहकर वह युवक ऊँचे स्वर से रोने लगा। अब रामकुमार का भी ध्यान उसकी तरफ गया। उसने देखा, युवक उसका मित्र है। जब वह पिता के साथ परदेश में रहता था, तब वहाँ यह युवक भी अपनी बहन के पास जाकर कुछ साल तक ठहरा था। दोनों घनिष्ठ मित्रता के पाश में बँध चुके थे।

''परिचय के पश्चात् रामकुमार का मन नीचे उतर चला। उसे लाज लगने लगी। युवक एक धोती आप-ही-आप ले आया और देकर कहा कि इसे पहनकर यहीं कुछ दिन रहो और अपने समाचार कहो। उसकी स्नेहमयी मैत्री का दबाव रामकुमार हटा न सका। धोती पहनने लगा। गाँव के कुछ लोग एकटक यह स्नेह-संयोग देख रहे थे। बाद को युवक से उन्हें मालूम हुआ, यह भले घर का लिखा-पढ़ा लड़का है, भक्ति के आवेश में इसने ऐसा किया है।

''जलपान तथा भोजन समाप्त कर रामकुमार ने अपने पिता के स्वर्गवास का हाल तो कहा, पर वह भगवान रामचन्द्रजी से रुपया माँगने के लिए चित्रकूट आया हुआ है, और इसी उद्‌देश्य से नग्न है, यह कुछ न कहा। उसी रात को सोते हुए उसने स्वप्न देखा, उसका वही मित्र सूर्य की तरह प्रकाशवान्, श्यामलाभ, धनुर्धर साक्षात् रामचन्द्र है, हँसता हुआ कह रहा है, तुमने अर्थ के लिए बड़ा परिश्रम किया, मैंने तुम्हें दिया। इसी समय आँखें खुल गईं। देखा, उसका युवक मित्र उठ बैठा है, ठीक ब्राह्म-मुहूर्त है। युवक ने कहा,

'रामकुमार, मैंने आज बड़ा खराब स्वप्न देखा। देखा कि तुम एक नदी तैरकर पार कर रहे हो, पर बीच धारा में पड़कर बहे जा रहे हो, तुम्हें बचाने के लिए मैं भी नदी में कूदा, तब न वहाँ पानी था, न तुम, घबराकर उठ बैठा।'

''दूसरे दिन रामकुमार को कर्वी-स्टेशन पर ले जाकर उसने घर तक का टिकट कटा दिया। प्रयाग उतरकर नौकरी की तलाश में पूछताछ करता हुआ वह 'नवयुग' प्रेस में गया, वहाँ चिट्ठियाँ लिखने के लिए एक क्लर्क की आवश्यकता थी, जगह बीस रुपए की। उसकी बातचीत से मालिक को दया आ गई, उसे रख लिया।

''वहीं से उसने पढ़ना शुरू किया और साल ही भर में एक उपन्यास लिखा, और मुफ्त छापने को दे दिया। उपन्यास की भाषा बड़ी सजीव थी। भाव बिलकुल नए। लोगों को बहुत पसन्द आया। खूब बिका। नौकरी छोड़ दी। दूसरे साल तीन उपन्यास लिखे। चार ही साल में वह उपन्यास साहित्य की चोटी पर पहुँच गया। कई हजार रुपए उसने एकत्र कर लिए। सारा ऋण चुका दिया और अब विद्या के साथ सुखपूर्वक रहता है।

''रामकुमार का कहना है कि ईश्वर ही अर्थ है। वह जिस भक्त पर कृपा करते हैं, उसमें सूक्ष्म अर्थ बनकर रहते हैं, जिससे वह स्थूल अर्थ पैदा करता रहता है।''

हीरालाल ने कहा, ''संसार के व्यवसाय में भी सूक्ष्म अर्थ ही स्थूल अर्थ पैदा होने के कारण है।'' फिर दिनेश की ओर देखकर पूछा, ''अच्छा, तोते की जगह आपको विश्वास होता है ?''

''मुझे कुल आत्मकथा पर विश्वास है।'' दिनेश ने उत्तर दिया।

''तो रामकुमार की तरह आपको भी हिन्दू-धर्म के गपोड़ों पर विश्वास करने की आदत है ?''

''नहीं, इसलिए नहीं, बल्कि रामकुमार...''

छूटते ही हीरालाल ने पूछा, ''रामकुमार आप ही हैं ?''

''नहीं, रामकुमार को वस्त्र देनेवाला उसका मित्र।''